Oliver Hieger

Straight Stroke Coach

Oliver Hieger

Straight Stroke Coach

Konzept eines Poolbillard-Trainingsgeräts basierend auf der AAL-Technologie „eShoe“

Tectum Verlag

Oliver Hieger
Straight Stroke Coach
Konzept eines Poolbillard-Trainingsgeräts
basierend auf der AAL-Technologie „eShoe“

ISBN 978-3-8288-4491-9
ePDF 978-3-8288-7526-5

Umschlaggestaltung: Tectum Verlag, unter Verwendung dieser von Oliver Hieger leicht modifizierten Abbildung: Illustration by Eric Andrews from page 15 of *The Everything Pool & Billiards Book*, Copyright © 2004 by Adams Media, an Imprint of Simon & Schuster, Inc. Used with permission of the publisher. All rights reserved.

Gesamtverantwortung für Druck und Herstellung
bei der Nomos Verlagsgesellschaft mbH & Co. KG

Printed in Germany

Besuchen Sie uns im Internet
www.tectum-verlag.de

Bibliografische Informationen der Deutschen Nationalbibliothek

Die Deutsche Nationalbibliothek verzeichnet diese Publikation
in der Deutschen Nationalbibliografie; detaillierte bibliografische
Angaben sind im Internet über http://dnb.d-nb.de abrufbar.

Kurzfassung

Das Ziel der Arbeit „Straight Stroke Coach. Eine Konzeptstudie zur Erweiterung der AAL-Technologie „eShoe“ für den Trainingseinsatz im Poolbillard Breiten- und Leistungssport“ ist es, die Hintergründe für ein Konzept für ein Poolbillard-Trainingssystem auf der Basis des eShoe zu erheben.

Durch die Zusammenführung eines konkreten Lösungsansatzes aus dem Bereich AAL – Ambient Assisted Living, das als technologische Unterstützung für ältere Menschen gedacht ist mit einem Zugang aus dem Sport- und Freizeitbereich sollen Bedarf, Voraussetzungen, konkrete Spezifikationen, Hinweise zum potentiellen Absatzmarkt für ein derartiges Konzept erhoben werden. Da es sich gerade im Sport- und Freizeitbereich um einen wachsenden Wirtschaftssektor handelt und der multiple Nutzen von adaptierbaren, flexiblen Innovationen aus dem Gesundheitssektor bei entsprechender Orientierung an den Wünschen und Bedürfnissen der Zielgruppe der späteren Konsumierenden einen großen Nutzen verspricht, erscheint dieser Ansatz vielversprechend.

Der Hintergrund der Basis-Technologie, seine soziodemografische Relevanz im initialen Umfeld und das Potential einer möglichen Überführung des eShoe in einen sportlichen Kontext, wie auch schon in Vorgängerstudien gezeigt wurde, bilden die Basis dieser Arbeit.

Der Fokus dieser Arbeit liegt auf dem empirischen, qualitativ-quantitativen Erhebungsteil bei dem ein AAL-Experte der Partnerfirma CEIT RALTEC sowie eine große Stichprobe potentieller Anwenderinnen und Anwender aus dem Poolbillard Breiten- und Leistungssport befragt werden. In einem sich kontinuierlich entwickelnden Methodenmix aus qualitativen und quantitativen Erhebungsinstrumenten, die eigens für diese Studie erstellt werden, soll in einer Rückkoppelungsschleife ein Konzept für die Erweiterung des eShoe für den Poolbillard-Trainingseinsatz erstellt und optimiert werden.

In einem finalen Schritt werden die Ergebnisse mit möglichen weiterführenden technischen Lösungen, die dem erhobenen Bedarf der potentiellen Käuferschicht entgegenkommen, recherchiert und in die Schlussfolgerungen einbezogen.

Abstract

The objective of the thesis “Straight Stroke Coach. A concept study for the extension of the AAL technology ‘eShoe’ as a training-system for amateur and professional pool sports” is a background research for a conceptual pool-training-system on the basis of the eShoe.

Combining a concrete solution from the field of AAL – Ambient Assisted Living, intended as a technological support for elderly people, with a sports and leisure approach, the requirements and prerequisites of the sector, concrete specifications and findings on the potential sales market for such a concept are gathered and analysed. Since the sports and leisure sector is a growing economy factor and adaptable, flexible innovations from the health sector promise multiple benefits if implementing and orientating on the wishes and needs of the target group, this approach seems of promising for future use.

The background of the basic technology, its socio-demographic relevance in the initial AAL-environment and the potential of a possible transfer of the eShoe into a training and sports context, as already shown in previous studies, form the basis of this work.

The focus of this thesis is on the empirical, qualitative and quantitative survey in which an AAL-expert of the partner company CEIT RALTEC and a large sample of potential users of amateur and professional pool players are polled. In a continuously evolving method mix of qualitative and quantitative data collection instruments specially created for this study, a concept for the extension of the eShoe for a pool-training-system is created and optimized in a feedback loop.

In a final step, the results are compared with additional possible technical solutions that meet the gathered needs of potential buyers and are implemented into the conclusions and suggestions.

Danksagung

Ich möchte an dieser Stelle all jenen Personen meinen Dank aussprechen, die mich in meinem gesamten Studium und bei dieser Abschlussarbeit unterstützt haben.

Allen voran danke ich meiner Lebensgefährtin, Frau MMag.a Dr.in Karin Rainer, die mich von Beginn bis zum Ende dieser Arbeit in so vielerlei Hinsicht tatkräftig unterstützt, motiviert und ertragen hat.

Für das Korrekturlesen dieser Arbeit bedanke ich mich recht herzlich bei der Mutter meiner Lebensgefährtin, Frau Mag.a Eva Rainer.

Ebenfalls möchte ich mich bei Herrn DI Walter Hlauschek, CEO der Firma CEIT RALTEC bedanken, ohne dessen Unterstützung die Arbeit nicht möglich gewesen wäre.

Meinem Betreuer Herrn FH-Prof. Dipl.-Ing. Alexander Mense möchte ich für die Inputs zu dieser Arbeit auch ganz herzlich danken.

Weiters möchte ich auch meiner ehemaligen Englischlektorin Frau Maria Louise Conrad-Billroth, BSc (Hons) für ihre tatkräftige Unterstützung bei der Übersetzung des Fragebogens bedanken.

Abschließend danke ich allen Poolbillardspielerinnen und Poolbillardspielern, die sich die Zeit genommen haben, um am leitfadengesteuerten Interview und am Fragebogen teilzunehmen.

Inhaltsverzeichnis

Abbildungsverzeichnis

Tabellenverzeichnis

Abkürzungsverzeichnis

AAL	Ambient Assisted Living manchmal auch Active Assisted Living
AAL JP	Ambient Assisted Living Joint Programme
bmvit	Bundesministerium für Verkehr Innovation und Technologie
bzw.	beziehungsweise
CEIT	Central European Institute of Technology
d.h.	das heißt
FFG	Österreichische Forschungsförderungsgesellschaft
IEEE	Institute of Electrical and Electronics Engineers
IKT	Informations- und Kommunikationstechnik
KMU	kleine und mittlere Unternehmen
n	Anzahl der befragten Personen
RALTEC	**r**esearch group for **a**ssisted **l**iving **tec**hnologies
s.	siehe
SSC	Straight Stroke Coach
tbd	to be defined
UART	Universal Asynchronous Receiver Transmitter
vgl.	vergleiche

1 Einleitung

1.1 Auswahl und Relevanz der Themenstellung

Die Arbeit „Straight Stroke Coach. Eine Konzeptstudie zur Erweiterung der AAL-Technologie „eShoe“ für den Trainingseinsatz im Poolbillard Breiten- und Leistungssport“ wurde aufgrund mehrerer Motivationsfaktoren gewählt und im Zuge der Masterthesis im Studiengang Wirtschaftsinformatik an der FH Technikum Wien umgesetzt.

Der erste wesentliche Faktor für die Auswahl dieser komplexen und zukunftsorientierten Themenstellung war die Erfahrung des Verfassers im Bereich der Forschungs- und Entwicklungslandschaft. Die Arbeit im IKT-Bereich und hier speziell in Projekten der Programmlinien „benefit“ und AAL (vgl. Kapitel 2.6.1 und 2.6.2), die sich mit dem Bereich technologischer Lösungen für die immer größer werdende Zielgruppe der älteren, teilweise pflege- und betreuungsbedürftigen Menschen beschäftigt, bietet wesentliche Impulse für einen Technologietransfer bereits bestehender Lösungen in neue Themenfelder.

Anschließend an diese berufliche Erfahrung hat der Verfasser durch seine Ausbildung und Praxis als Übungsleiter im Bereich Poolbillard Einblicke und Zugang in die Zielgruppe ambitionierter Freizeit- und Leistungssportlerinnen und -sportler. Durch diese Innenperspektive in einem auch wirtschaftlich potentiell interessanten Umfeld wird die zweite wesentliche Qualifikation und Motivation zur Auswahl dieses Themas beigesteuert.

Als dritte Auswahlkomponente, die auch auf einer übergeordneten Ebene von Interesse für die wissenschaftliche Community sein kann, wurde bewusst ein Thema gewählt, das neben seiner Relevanz als Studie vor allem in der praxisnahen und -relevanten Anwendung und potentiellen Weiterverwendung in Kooperation mit Unternehmen wie zum Beispiel der Partnerfirma dieser Arbeit besitzt.

Gerade die makroökonomisch wesentliche Forschungs- und Entwicklungsarbeit, die in manchen Bereichen eine mangelnde Anbindung an die bedarfsgerechte Umsetzung und Überführung in Produkte und Dienstleistungen aufweist (Buhr, 2009), soll die vorliegende Marktstudie einen Beitrag zur Verbesserung dieser Lage in einem speziellen Teilgebiet darstellen.

Diese Arbeit soll im Zuge einer Marktstudie und zielgruppengerichteten Bedarfsanalyse, als Basis für ein Konzept, die Möglichkeiten und Rahmenbedingungen des Transfers von Ambient Assisted Living (AAL) Basistechnologien in den Bereich des Sportes betrachten. Es soll analysiert werden, in wie weit am Markt der Bedarf besteht, ein Basisprodukt – in diesem Fall den eShoe – weiterzuentwickeln, um es im Billardsport einzusetzen. Die Möglichkeiten der Anpassung und notwendigen Weiterentwicklung des eShoe-Ansatzes zu einem Trainings-Unterstützungsgerät für den Breiten- und Leistungssport im Poolbillard wird mittels strukturierter, modularer Konzeptstudie untersucht und analysiert.

Der Bedarf an dieser Arbeit entsteht durch den innovativen Verwertungsansatz, den eShoe als Basisprodukt der Firma CEIT RALTEC für Freizeitanwendungen der AAL-bewährten Technologien weiterzuentwickeln. Das Konzept basierend auf den Ergebnissen der Marktstudie und der Bedarfsanalyse besteht in der wissenschaftlichen Überprüfung sowie fachlich und methodisch fundierten Analyse möglicher, wirtschaftlich potenter Weiterentwicklungen von AAL-Technologien für das Freizeit-, Sport- und Hobby-Segment. Dieser Bereich ist laut Statistik Austria ein wesentlich wachsender Sektor und sowohl für Österreich als auch für den EU-Raum ein sich stetig entwickelnder Wirtschaftsbereich. Alleine in den Jahren 2004/05 bis 2009/10 sind die Haushaltsausgaben für den Freizeit-, Sport- und Hobbybereich um 16% gestiegen und liegen somit das erste Mal auf Platz drei der Haushaltsausgaben und mit 0,7 % vor der Gruppe Ernährung und alkoholfreie Getränke (Kronsteiner-Mann, 2011).

Anhand dieser weitreichenden Aspekte kann die Relevanz der vorliegenden Arbeit als exemplarische Darstellung des sich dynamisch entwickelnden Marktes und des spezifischen Bedarfs hinsichtlich eines beispielhaften Ausschnittes des Sport- und Freizeitbereichs nachvollzogen werden. Um dieses Ziel anhand des Fallbeispiels zufriedenstellend und möglichst umfangreich zu erreichen soll eingangs ein Überblick über den theoretischen sowie programmatischen Kontext der AAL-Technologien geboten werden. Die Markt- und Bedarfsanalyse des konkreten Anwendungsfalls für die Überführung einer Basistechnologie in ein potentielles Marktsegment wird anhand der strukturierten, modular aufgebauten Konzeptstudie modellhaft für weitere nachfolgende Produkt- und Dienstleistungsideen nachvollziehbar.

Weitere Punkte, die die Relevanz und den möglichen Impact dieses exemplarischen Zuganges verdeutlicht, sind der direkte Kontakt sowohl zu den Endnutzerinnen und -nutzern, d.h. den potentiellen Käuferinnen und Käufern eines Trainingssystems, als auch die enge Zusammenarbeit mit den technischen und ökonomischen Vertretern des Auftraggebers CEIT RALTEC GmbH.

1.2 Ziel der Arbeit

Die vorliegende Masterthesis „Straight Stroke Coach" beinhaltet eine Konzeptstudie basierend auf einer Markt- und Bedarfsanalyse zur Weiterentwicklung der AAL-Technologie eShoe für den Trainingseinsatz im Poolbillard Breiten- und Leistungssport. Die Arbeit verfolgt das Ziel, sowohl dem Auftraggeber und Unterstützer der Konzeptstudie, dem Unternehmen CEIT RALTEC GmbH als exemplarischem Vertreter der Forschungs- und Entwicklungslandschaft Österreichs, sowie weiteren an dieser Studie interessierten Personen und Institutionen aus dem Umfeld von AAL-Technologien ein Modell zu initialen, vorbereitenden Maßnahmen für den Schritt des Technologietransfers bzw. für die Orientierung zu marktreifen Produkten und Dienstleistungen zu präsentieren. Die Leserinnen und Leser der Arbeit aus dem wissenschaftlichen aber auch aus wirtschaftlichem Kontext sollen mit dieser Arbeit angesprochen werden und mit einer fundierten Konzeptstudie Anregungen für weitere Möglichkeiten des praxisorientierten Technologietransfers erhalten.

Da von keinem einheitlichen Wissensstand des Zielpublikums sowohl auf technologischer, wirtschaftlicher Ebene als auch im Bereich der Markt- und Bedarfsanalyse ausgegangen werden kann, wird sowohl der allgemeine programmatisch-technologische Hintergrund von AAL thematisiert als auch das AAL-motivierende Faktum des demographischen Wandels. Weiters werden die hier spezifischen Technologien sowie in aller Kürze die Methodik der Befragungen umrissen, um am Ende der Arbeit Vorschläge und Anregungen für eine potentielle Überführung von Basistechnologien in spezifische Produkte für den Breiten- und Leistungssport vorweisen zu können. Als Effekt dieser Konzeptstudie soll ein wesentliches Element für die zukünftige Überführung von Basistechnologien in marktfähige, spezifische Produkte für den Breiten- und Leistungssport vorliegen.

Nach einem fundierten Überblick über die gängige Praxis im AAL-Bereich wird das Konzept für eine mögliche Überführung von Basistechnologien in potentielle Marktsegmente exemplarisch mit den verwendeten, eigens generierten Erhebungswerkzeugen und zusätzlichen Dokumenten und Quellen dargestellt. Neben der Erarbeitung des gegenständlichen Anwendungsfalles wird ein Muster der wissenschaftlichen Herangehensweise an die konzeptgenerierende Phase des Technologietransfers erstellt, dass die Leserinnen und Leser der Masterthesis produktiv im Forschungs- und Entwicklungskontext weiterverwenden können.

1.3 Forschungsfrage und Forschungszugänge

Die Herangehensweise an ein komplexes und dynamisches Forschungsfeld wie es der Technologietransfer des Forschungs- und Entwicklungsbereiches am AAL-Sektor darstellt, verlangt einen ebenso umfassenden wie fokussierten Zugang. Die eingangs generierten Forschungsfragen mussten demnach auch aufgrund der sich ändernden Zugänge und Anforderungen der auftraggebenden Organisation zum Teil modifiziert und geschärft werden.

Die initiale Fragestellung beschäftigt sich mit der generellen Möglichkeit der Umsetzbarkeit einer AAL-Technologie in andere Dienstleistungs- und Produkt-Sektoren:

- Kann man AAL-Technologien, hier am Beispiel des eShoe repräsentiert, für den Einsatz im Freizeit- und Hobby-Bereich weiterentwickeln?

Die erste, dieser Arbeit zu Grunde liegende Hypothese und Annahme, die durch erste Gespräche mit der Auftraggeber-Organisation entstanden ist, lautet als Basis der initialen, wissenschaftlichen Recherche daher:

➢ AAL-Technologien und Entwicklungen wie der eShoe können unter Berücksichtigung verschiedener, im Zuge der Markt- und Bedarfsanalyse zu definierenden Faktoren, potentiell erfolgreich in den Bereich des Breiten- und Leistungssports überführt werden.

Aus dieser Hypothese lassen sich weitere wesentliche Fragestellungen ableiten, die im Zuge der Markt- und Bedarfsanalyse untersucht worden sind und für die vorliegende Arbeit von zentralem Interesse sind:

- Müssen für einen Einsatz von Technologien aus dem AAL-Bereich im Billardsport besondere Voraussetzungen erfüllt werden? Und wenn ja, welche sind das und wie können sie definiert werden?

Aufgrund des Vorwissens und der bereits dargestellten grundlegenden Erfahrung des Verfassers im AAL-Forschungs- und Entwicklungssektor und im Billard-Leistungssport sowie der Informationen im Vorfeld des Studienprojektes wurde daher die folgende Annahme für diese Studie getätigt:

➢ Für den spezifischen Einsatz im Billardsport müssen besondere Voraussetzungen für den erfolgreichen Technologietransfer aus dem AAL-Bereich in den Freizeit-, Sport- und Hobbybereich erfüllt werden.

Diese spezifischen Voraussetzungen, die im Zuge der Quellensuche, Recherche und der zentralen Analyse der Markt- und Bedarfsstudie erhoben werden, werden in der vorliegenden Arbeit detailliert beschrieben und im Hinblick auf das konkrete Fallbeispiel katalogisiert.

Letztlich stellt sich als vorläufiger Endpunkt der bisherigen Ansätze die praxisorientierte Fragestellung nach den spezifischen Markt- und Bedarfserfordernissen eines weiterentwickelten AAL-Produktes:

- Müssen besondere Anforderungen erfüllt werden, um ein Produkt bzw. eine Dienstleistung wie den konzeptionellen „Straight Stroke Coach (SSC)" als Produkt am Markt einführen zu können? Und wenn ja, welche sind das?

Die zweiphasige, qualitativ und quantitativ gestaltete Markt- und Bedarfsstudie, die im folgenden Kapitel methodisch erklärt werden soll, beleuchtet die finale Annahme, die dieser Arbeit zugrunde liegt:

➢ Für die Markteinführung des SSC müssen besondere zielgruppen- und marktsegmentspezifische Anforderungen erfüllt werden.

Es soll versucht werden, die Antworten auf die hier entwickelten Fragestellungen im abschließenden Teil der Arbeit möglichst umfassend zusammenzustellen. Dennoch muss auch mit Vorgriff auf das methodische Kapitel darauf hingewiesen werden, dass es sich bei der vorliegenden Masterthesis um einen zeitlich und inhaltlich spezifischen Fokus eines weiten und schneller Veränderung unterworfenen Arbeitsbereiches handelt. Trotz des Bestrebens, als Modell für weitere einschlägige Technologietransfer-Themen zu dienen, muss dessen Umlegbarkeit und Anwendbarkeit auf andere Bereiche des Einsatzes von AAL-

Technologien in den Bereichen Sport, Freizeit, Lifestyle und Gesundheit jeweils erst bestätigt werden.

1.4 Methodische Vorgehensweise

Wie bereits gezeigt, muss die Behandlung eines dynamischen und multifaktoriell beeinflussten Themengebietes wie ihn der Technologietransfer aus dem angestammten AAL-Bereich in den Freizeit- und Leistungssportsektor darstellt, interdisziplinär aus verschiedenen Perspektiven behandelt werden. Neben den Wünschen des Auftraggebers der Studie, dem Unternehmen CEIT RALTEC GmbH, müssen die Perspektiven der potentiellen zukünftigen Endanwenderinnen und Endanwender einer Umsetzung des eShoe und ergänzender Sensorik im Billardsport berücksichtigt werden.

Weiters ist der technologische Aspekt der Möglichkeiten und Grenzen der aktuellen Konzeptentwicklung mit einzubeziehen wie auch die wirtschaftlichen Gesichtspunkte, die hier punktuell behandelt werden sollen.

Diese unterschiedlichen Zugangsweisen auf das spezielle Fallbeispiel sollen durch die Anwendung eines strukturierten multimethodologischen (Hammersley, 2002) Ansatzes gewährleistet werden.

Die Kombination verschiedener Forschungs- und Recherche-Ansätze beinhaltet vor allem die folgenden, sowohl aufeinander folgende, als auch iterative und aufeinander aufbauende Vorgehensweisen:

1) Umfassende Literatur- und Onlinequellenrecherche

Im Zuge einer initialen, online-basierten Suche wurden sowohl wesentliche Studien, Sekundärliteratur und Artikel als auch Organisationen, Grundsatzinformationen und programmatische Quellen identifiziert, strukturiert und analysiert. Weiterführende Ansätze sowohl allgemein zu AAL als auch spezifisch zum Fallbeispiel des Technologietransfers in den Billardsport wurden für die später nachfolgende Tiefenrecherche gesammelt und aufbereitet.

Das Projektkonzept wurde in dieser ersten Phase durch informellen Austausch und Brainstorming mit dem Anwendungspartner unterstützt und weiterentwickelt. Weiters wurden Zielgruppen und mögliche Anwenderinnen und Anwender einer Technologie in diesem Bereich recherchiert.

Aufgrund dieser ersten strukturierten Ergebnisse zum Rahmen des weiteren Projektverlaufes wurde die darauf aufbauende, qualitative, konzeptsteuernde Befragung entwickelt.

2) Expertinnen- und Experteninterview Billardsport & qualitative Auswertung

Auf der Grundlage der Initialrecherche und der grundlegenden Hypothesen zum Thema wurde ein qualitatives Befragungsdesign für eine erste inhaltliche Erhebung erstellt. In einem leitfadengestützten Interview, das an einer anfallenden Stichprobe in der recherchierten Zielgruppe aus der Anwendungspraxis des Billardsports durchgeführt worden ist, wurden in einer qualitativen Befragung gestützt von quantitativen Faktoren wesentliche Eingrenzungen im Hinblick auf die Markt-Parameter und den bestehenden Bedarf durchgeführt. Durch die Anwendung des Ansatzes der datengestützten Theoriebildung der auch als „Grounded Theory" (Strauss & Corbin, 1990) bekannt ist, konnten so mit der Methode des permanenten Vergleichs und der Erstellung von Memos wesentliche Cluster und Kategorien sowie die Schärfung der initialen Hypothesen und deren Ausarbeitung bzw. Weiterentwicklung und Überprüfung gefördert werden.

3) Vertiefende, fokussierte Literatur- und Onlinequellenrecherche

In einem zweiten Recherchedurchgang, der nun auch spezifische Hinweise sowohl aus dem informellen Austausch mit der Auftraggeber-Organisation als auch weiterentwickelte Blickrichtungen auf den erhobenen Bedarf und die daraus resultierenden Konzept- und Marktüberlegungen mit einbezogen hat, wurden vertiefend relevante Fragestellungen untersucht.

4) Quantitative Erhebung & Auswertung im Bereich Billard Breiten- und Leistungssport

Aufbauend auf den durch die ersten drei Schritte gewonnenen Ergebnissen und konkretisiertem Erkenntnisinteresse wurde ein strukturiertes Design für eine breiter angelegte quantitative Erhebung (Hieger, 2014) generiert. Der Leitfaden wurde in LimeSurvey erstellt und an eine Vielzahl der eingangs recherchierten, potentiellen Anwenderinnen- und Anwendergruppen auf Deutsch und auf Englisch online versandt. Das Gesamtsample der aktiven

Breitensportlerinnen und Breitensportler, Leistungssportlerinnen und Leistungssportler im Bereich Billard, das durch den Online-Versand, die zeitliche Beschränkung der Umfrage sowie die spezielle Themenstellung eingeschränkt ist, wird im Zuge der Arbeit mit verschiedenen Ansätzen aufbereitet. Der so durch eine zufriedenstellende Rücklaufquote entstandene Datensatz wird sowohl durch Methoden der deskriptiven Statistik als auch mit Instrumenten der einfachen analytischen Statistik dargestellt, ausgewertet und beschrieben.

5) **Fokussiertes Experten-Interview AAL**

Als abschließender methodischer Schritt wurden noch offene Fragestellungen sowie aus den bisherigen Ergebnissen entstandene konkrete konzeptionelle Ansätze in einem fokussierten, leitfadengestützten Experten-Interview mit dem Auftraggeber angesprochen und geklärt. Das Interview (Hieger, 2014) fließt ergänzend in die Aufbereitung der Studienergebnisse ein.

Durch diese sowohl umfassende Literatur- und Quellenstudie als auch die spezifische und fokussierte Datenerhebung und -analyse in Ergänzung mit der Expertise und Erfahrung eines Unternehmens aus der Anwendungspraxis, können die Fragestellungen der Ausgangslage zu befriedigenden Aussagen für das Konzept basierende auf den Ergebnissen der Markt- und Bedarfsanalyse in diesem Sektor führen.

1.5 Aufbau der Arbeit

Um dem komplexen methodischen Design von „Straight Stroke Coach. Eine Konzeptstudie zur Adaptierung der AAL-Technologie „eShoe“ für den Trainingseinsatz im Poolbillard Breiten- und Leistungssport“ einen konsistenten und für die Zielgruppe einfach zugänglichen Rahmen zu geben, wurde die Arbeit in vier übergeordnete Teile gegliedert. Einleitung, Grundlagen und Empirie führen zu den Ergebnissen von Recherche und Studie mit einem zukunftsorientierten Ausblick und weiterführenden Ansätzen.

Der erste, einleitende Teil der Arbeit beschäftigt sich mit der grundlegenden Motivation zum Thema und der Auswahl und Relevanz der Inhalte. Ziele und Forschungsfragen sowie -zugänge führen zur methodischen Vorgehensweise der Behandlung des dynamischen Themas der Konzeptstudie im Bereich des Technologietransfers von AAL-Lösungen für den Sport- und Freizeitbereich.

Nach dieser formalen Einleitung werden im theoretischen Teil eingangs die Begriffe „Ambient Assisted Living“ und damit einhergehende Terminologien definiert und für die Arbeit erklärt und abgegrenzt. In einem weiteren Schritt wird erläutert, warum es AAL gibt, wie die Struktur von AAL ist, welche Ziele diese Bewegung hat, welche Personen die Zielgruppe der AAL-Anwendungen sind und welche Projekte und Anwendungsfälle es in welchem Umfeld bereits gibt. Diese umfassende Beschreibung der AAL-Umwelt dient als Grundlage zum Verständnis der Gegebenheiten, auf denen diese Arbeit aufbaut.

Der darauffolgende empirische Teil erklärt im ersten Schritt den eShoe, der als Basis für das Konzept dient, in seiner Funktionalität und seinem Aufbau. Im zweiten Schritt wird das Thema Poolbillard behandelt, das mit seinen Techniken und Bewegungsabläufen die Anforderungen für das Konzept vorgibt. Nach einem kurzen Exkurs über vergleichbare, bereits bestehende Konkurrenzprodukte des eShoe fließen die beiden initialen Schritte (eShoe und Poolbillard) in ein Grundkonzept ein, auf dessen Basis das Konzept weiterentwickelt wird. Anhand der Ergebnisse einer Interviewserie mit ausgewählten lizenzierten Poolbillardspielerinnen und -spielern wird der erste Entwurf des Konzepts optimiert und die Fragestellungen der quantitativen Erhebung generiert. Mithilfe der Ergebnisse aus der quantitativen Erhebung wird darauffolgend das Konzept spezifiziert und somit das empirische Kapitel abgeschlossen.

Im letzten Kapitel werden die Ergebnisse der Arbeit aufgearbeitet und analysiert. Die wesentlichen Schlussfolgerungen und die daraus folgenden Empfehlungen werden gesammelt, die Ergebnisse werden zusammengefasst und mit einem themenbezogenen Ausblick versehen. Abschließend werden die Ergebnisse kritisch reflektiert, um das Gesamtbild abzurunden.

2 Theoretischer Hintergrund

In diesem Kapitel wird auf verschiedene wesentliche Grundlagen zum Thema AAL verwiesen. Diese Grundlagen sollen helfen, die komplexe Struktur des AAL-Themas für diese Arbeit zu vereinfachen, den Lesefluss aufrecht zu erhalten und das Verständnis aufzubauen.

Menschen werden immer älter und die Technik wird immer fortschrittlicher. Diesen zweiten Aspekt versucht man sich zum Nutzen zu machen, um „Problemfelder“, die durch den dynamischen sozi-demografischen Wandel entstehen, zu adressieren.

Die wirtschaftliche Belastung des Sozialsystems der westlichen Welt wird in Zukunft immer mehr steigen und aus diesem Grund wird versucht, mit AAL-Produkten, -Dienstleistungen und -Ansätzen diesen Impact abzufangen und ihm möglichst effektiv entgegenzuwirken.

2.1 Was ist Ambient Assisted Living (AAL)?

Ambient Assisted Living ist genaugenommen so wie auch Active Assisted Living nur ein Schlagwort. Hinter dieser Bezeichnung verbirgt sich weder ein Standard, noch eine einzelne Organisation, die klare Richtlinien vorgibt. Aus diesem Grund definiert fast jede Organisation, die sich mit dem Thema beschäftigt und unter dem Begriff AAL-Produkte, -Dienstleistungen und -Ansätze entwickelt, den Begriff AAL minimal anders aber inhaltlich mit derselben Ausrichtung.

Bei manchen Definitionen liegt die Betonung auf den Systemen, den Produkten und den Dienstleistungen, die für ältere Menschen angeboten werden können (Suri, n.d.), bei anderen Zugängen liegt der Schwerpunkt mehr im technologischen Bereich, oder es steht eher der Mensch im Vordergrund und wie diesem durch intelligente Systeme Unterstützung geboten wird (Velasco, n.d.).

Zusammengefasst aus den vorliegenden Quellen lautet daher die Definition des Begriffs AAL für diese Arbeit folgendermaßen: Ambient

Assisted Living beschäftigt sich mit der technologischen Unterstützung der Altersgruppe der Über-Sechzigjährigen, um Rahmenbedingungen für sie zu schaffen, möglichst lange in ihren eigenen vier Wänden leben zu können. Dies beinhaltet Konzepte, Produkte und Dienstleistungen, die miteinander neue Technologien im Bereich des sozialen Lebensumfelds etablieren. Die Technologien sollen dabei helfen, ohne spürbaren Mehraufwand die Aufgaben des täglichen Lebens bewältigen zu können. Die Bandbreite reicht von Sensoren, die bei Abwesenheit den Herd abschalten können, bis zu telemedizinischer Unterstützung mit Notfallmeldungen.

Eine weitere Bedeutung des Begriffs AAL ist die eines Programms zur Förderung des Themas AAL innerhalb von Europa. Dieses Programm treibt die Forschung im Bereich AAL von der Grundlagenforschung bis zur Markteinführung der Produkte und Dienstleistungen voran. Weitere Informationen dazu finden sich in den Kapiteln 2.3 und 2.6.1.

2.2 Warum gibt es AAL?

In diesem Kapitel werden die wesentlichen Legitimationsgründe für die Notwendigkeit des gezeigten AAL-Ansatzes dargestellt. Wesentliche Gesichtspunkte hierbei sind auf der einen Seite die immer geringer werdenden Budgets der sozialen Einrichtungen, wie auch punktuell die europäische Wirtschaftskrise. Im sozialen Bereich soll aber dennoch für ältere Personen eine hohe und zufriedenstellende Lebensqualität geboten werden und somit ist der Begriff AAL, welcher bereits in den 90er Jahren das erste Mal aufgetaucht ist, aktueller denn je.

2.2.1 Demographischer Wandel

Der demographische Wandel in der EU zeigt, dass durch gesündere Lebensweise und bessere medizinische Unterstützung durchschnittlich ein immer höheres Alter erreicht wird. Bei gleichzeitigem Rückgang der Geburten wird die Bevölkerung im Durchschnitt immer älter. Daraus folgt, dass nach dem System des fiktiven Generationenvertrags (Springer Gabler, n.d.) in Österreich, immer weniger junge Personen durch ihre Arbeitsleistung für immer mehr ältere Personen die Sozialbeiträge zahlen müssen. Dieser Trend wird sich auch weiter fortsetzen, da um die Bevölkerungszahlen stabil zu halten laut Statistik 2,1 Kinder pro Frau notwendig wären. Die Geburtenrate ist zwar von 1,45 auf 1,6 Kinder gestiegen, damit aber immer noch zu gering für eine langfristige stabile Entwicklung (European Commission, et al., 2011).

Speziell auf Österreich bezogen sieht der demographische Wandel ähnlich aus. Auswertungen der Statistik Austria zu demographischen Bewegungen bringen es noch deutlicher auf den Punkt, dass es in Zukunft immer mehr ältere Menschen geben wird.

> „Sehr kräftig wird die Gruppe der „jungen Alten" zwischen 65 und 79 Jahren anwachsen. Sie sind bereits in Pension, stellen aber aufgrund ihres erreichten relativen Wohlstands und ihres deutlich besseren Gesundheitszustands als früher eine immer bedeutendere ökonomische Zielgruppe dar. Ihr demographisches Gewicht wird in Zukunft stark zunehmen. Derzeit steigt ihre Zahl jährlich um rund 25.000 Personen. Bereits 2015 wird es mit 1,16 Mio. um 7% mehr jüngere Alte geben als 2012 (1,09 Mio.), 2020 um 12% mehr (1,22 Mio.). Bis zum Jahr 2030 steigt ihre Zahl auf 1,52 Mio. (+39% gegenüber 2012). Danach ist noch mit einem weiteren Wachstum zu rechnen." (Mikulasek, 2013, p. 47)

Die Bevölkerungsprognose der Statistik Austria, wie in Abb. 1 zu sehen ist, zeigt das Absinken der Bevölkerungsgruppe der Vierzig- bis Fünfzigjährigen und den extremen Anstieg der über Sechzigjährigen prognostiziert für das Jahr 2030. Weitere 30 Jahre später pendelt sich die Zahl der Sechzig- bis Siebzigjährigen wieder ein, wobei die Gruppe der über Siebzigjährigen bis zu den Hundertjährigen extrem ansteigt. Der Unterschied zwischen Männern und Frauen bleibt für die Jahre 2030 und 2060 im Verhältnis zu 2012 relativ ähnlich.

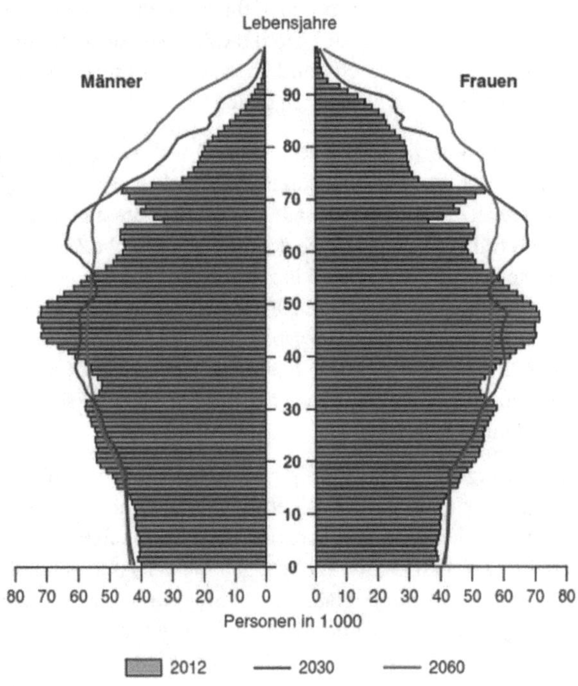

Abb. 1: Bevölkerungsprognose 2013 (Statistik Austria, 2013)

2.2.2 Ökonomisierung im Sozialbereich

Einsparungen im Sozialbereich werden immer weiter vorangetrieben, denn dieser Bereich gilt im Allgemeinen, aus Sicht des Staates, als ein sogenanntes Cost-Center, wobei die Wirtschaft als Profit-Center einer Gesellschaft gelten kann. Dieser Umstand und der Faktor, dass die Hauptlast sozialer Leistungen über staatliche Quellen finanziert wird, führen unweigerlich dazu, dass Sparmaßnahmen immer rigoroser umgesetzt werden. Somit muss in diesen Bereichen noch ökonomischer gearbeitet werden, um mit weniger finanziellen Mitteln den gleichen Arbeitsaufwand abdecken zu können (Kleve, et al., 2010). In Kombination mit der Aussage aus Kapitel 2.2.1, dass es in Zukunft immer mehr ältere Personen geben wird, kommt man zu der Schlussfolgerung, dass es immer weniger Geld für eine größere Anzahl von Menschen geben wird.

2.3 Struktur des AAL-Ansatzes in der EU

Dieses Kapitel erläutert, aus welchen Organisationen die Struktur des AAL-Ansatzes besteht.

2.3.1 Begriffsgeschichte AAL

Die Grundzüge von AAL sind bereits in den 1990er Jahren entstanden, als Mark Weiser (1991) von einer Umgebungsintelligenz (Ambient Intelligence) im Rahmen von Ubiquitous Computing gesprochen hat. Zu diesem Zeitpunkt war die Technik aber noch nicht so ausgereift und der Ansatz so ambitioniert wie heute. Ein Sensor, der heute die Größe und das Gewicht einer Münze hat, wäre in den 1990er Jahren ca. 10 Mal so groß und vom Gewicht her kaum zu tragen gewesen. Mit den technischen Entwicklungen, vor allem denen der Mikrosystemtechnik und den aktuellen Datenübertragungsstandards, wurde auch dieses Gebiet für einen Einsatz im AAL-Bereich interessanter und Projekte konnten leichter umgesetzt werden.

2.3.2 Ambient Assisted Living Association/AAL Joint Programme

Im September 2007 wurde die Ambient Assisted Living Association als europäische Administrationsorganisation für AAL-Themen unter belgischem Recht von 14 Mitgliedsstaaten mit österreichischer Beteiligung gegründet. Österreich übernimmt die Rolle des Vizevorsitzes und bekleidet diese mit Reinhard Goebl aus dem Bundesministerium für Verkehr Innovation und Technologie (Schroll, 2007). Um die Zusammenarbeit in Forschung und Entwicklungsbereichen innereuropäisch zu stärken, wurde von der Europäischen Kommission und 23 Mitgliedsstaaten das AAL Joint Programme basierend auf Artikel 169 des Vertrags über die Arbeitsweise der Europäischen Union ins Leben gerufen. Der Träger und somit verantwortlich für die Förderung von Forschungs- und Entwicklungsprojekten dieses AAL Joint Programme ist die zuvor genannte AAL Association (bmvit, n.d.). Das Logo des AAL Joint Programme (Abb. 2) kennzeichnet alle europäischen Aktivitäten zum Thema AAL im Rahmen dieses Forschungsprogrammes.

Abb. 2: AAL Logo (AAL Association, 2012)

Die 23 Mitglieder welche aktiv an dem Joint Programme teilnehmen sind nicht nur Mitgliedsstaaten der Europäischen Union wie in Tabelle 1 zu sehen ist.

EU-Mitgliedsstaaten		
Belgien (Flandern)	Dänemark	Deutschland
Finnland	Frankreich	Griechenland
Großbritannien	Irland	Italien
Luxemburg	Niederlande	Polen
Portugal	Rumänien	Slowenien
Spanien	Schweden	Ungarn
Zypern	Österreich	
nicht EU-Staaten		
Israel	Norwegen	Schweiz

Tabelle 1: Mitgliedsstaaten des AAL Joint Programme (AAL Association, 2012)

Von Call zu Call ändern sich die teilnehmenden Länder, da man sich nicht zwangsweise beteiligen muss. Bemerkenswert ist, dass für Horizon 2020 einige bedeutende Mitgliedsstaaten abgesagt haben, dafür aber unter anderem Kanada und Taiwan an den ausgeschriebenen Calls mitarbeiten.

Die teilnehmenden Länder haben jeweils eine Organisation, die die Forschungs- und Entwicklungsaktivitäten abwickelt und eine Organisation, die die Forschung und Entwicklung finanziert. Der nationale Sponsor stellt Fördergelder im Rahmen des AAL- Programmes national zu Verfügung und beantragt aufgrund dieses Beitrages einen finanziellen Zuschuss beim Ambient Assisted Living Joint Programme der EU, welcher nach eingehenden Prüfungen meist in der Höhe von vierzig bis fünfzig Prozent erfolgt (bmvit, n.d.). Die Organisation, die die Forschung und Entwicklung abwickelt, schreibt Projekte im Rahmen von

AAL aus, an denen sich kleinere und mittlere Unternehmen, große Unternehmen, Universitäten, Fachhochschulen, Kompetenzzentren, Forschungseinrichtungen und Start-up-Unternehmen unter gewissen Zugangsvoraussetzungen beteiligen können.

2.3.3 Das europäische Forschungsrahmenprogramm

Ermöglicht wird diese Förderung der technologischen Entwicklung der EU durch das sogenannte Forschungsrahmenprogramm der europäischen Kommission, welches zeitlich befristet und thematisch gebündelt abgewickelt wird. Im Jahr 1984 wurde mit dem ersten Forschungsrahmenprogramm FRP1 für drei Jahre mit einem Fördervolumen von 3,3 Milliarden Euro begonnen, die Forschung programmatisch gesteuert zu fördern. Das Thema AAL hielt beim Forschungsrahmenprogramm 6 Einzug, welches 2002 bis 2007 gelaufen ist und mit 17,5 Milliarden Euro bis zu diesem Zeitpunkt die höchste Forschungsförderung seit Beginn der Forschungsrahmenprogramme ausschüttete, wobei 3,6 Milliarden auf den IKT-Sektor entfallen, zu dem auch das AAL-Thema gerechnet wird. Das aktuelle Forschungsrahmenprogramm der Europäischen Kommission weicht das erste Mal seit Beginn der Förderung namentlich ab und nennt sich „Horizon 2020“, da es mit sechs Jahren Laufzeit im Jahre 2020 endet. Horizon 2020 hebt sich auch finanziell von seinen Vorgängern ab, da mit 80 Milliarden Euro um 30 Milliarden Euro mehr ausgeschüttet werden als im vorangegangenen Forschungsrahmenprogramm 7 (FFG RP7, n.d.).

2.3.4 AAL Forum

Um den Informationsfluss innerhalb der AAL-Gemeinschaft hoch zu halten, wurde im Jahr 2009 das erste AAL Forum veranstaltet, welches alljährlich die innovativen Technologien und Lösungen im Bereich AAL vor- und ausstellt und zur Diskussion einlädt. Dieses erste Forum fand in der Wiener Hofburg unter dem Titel „ICT based Solutions for Prevention and Management of Chronic Conditions of Elderly People“ (AAL Association, 2012) statt. Für das Logo, das man in Abb. 3 sehen kann, wurde das Originallogo mit den Farben der österreichischen Flagge kombiniert, um den Schriftzug Forum 09 Vienna und um eine Andeutung des Riesenrads erweitert.

Abb. 3: Logo AAL Forum Wien (bmvit, n.d.)

Wie man in Tabelle 2 sehen kann, wird die Organisation des Forums seitdem jährlich von verschiedenen Mitgliedsstaaten der AAL-Organisation übernommen.

Jahr	Ort	Land
2009	Wien	Österreich
2010	Odense	Dänemark
2011	Lecce	Italien
2012	Eindhoven	Holland
2013	Norrköping	Schweden
2014	Bukarest	Rumänien
2015	Gent	Belgien
2016	St. Gallen	Schweiz
2017	Coimbra	Portugal
2018	Bilbao	Spanien
2019	Aarhus	Dänemark
~~2020~~ 2021	Triest	Italien

Tabelle 2: Veranstaltungsorte des AAL Forums in chronologischer Reihenfolge (AAL Forum, n.d.)

Die meisten Mitgliedsstaaten sind auch auf nationaler Ebene sehr gut organisiert und haben ihre eigenen nationalen AAL-Forschungsprogramme. Hervorzuheben sind Finnland, Holland, Dänemark, Deutschland und Österreich, da diese Länder das Thema AAL sehr engagiert vorantreiben. Das Forum welches im Jahr 2020 stattfinden hätte sollen wurde wegen COVID-19 auf das Jahr 2021 verschoben.

2.3.5 AAL in Österreich

Wie in Kapitel 2.3.2 bereits erwähnt, besteht die Organisation aus einem Fördergeber und einer Organisation, die die Forschung abwickelt. Im Falle von Österreich ist der Sponsor das Bundesministerium für Verkehr, Innovation und Technologie. (Anmerkung: mittlerweile

Bundesministerium für Klimaschutz, Umwelt, Energie, Mobilität, Innovation und Technologie)

Abb. 4: Logo bmvit (bmvit, n.d.)

Die abwickelnde Stelle ist die österreichische Forschungsförderungsgesellschaft (FFG), bei der das Ambient Assisted Living Joint Programme dem Bereich „Thematische Programme" zugeteilt ist.

Abb. 5: Logo FFG (FFG, n.d.)

Das nationale österreichische AAL-Förderprogramm trägt den Namen „benefit – demografischer Wandel als Chance" (s. Kapitel 2.6.2), ist das erste österreichische Technologieprogramm in diesem Bereich und hält momentan bei der fünfzehnten Ausschreibung. Teilnehmen am benefit-Programm können Unternehmen, Forschungseinrichtungen, Einzelforscherinnen und Einzelforscher, Daseinsvorsorger (kommunalwirtschaftliche Betriebe), Endanwenderinnen und Endanwender (ältere Menschen, NGOs, Interessensvertretungen), öffentliche Bedarfsträger (Länder, Gemeinden) oder Arbeitsgemeinschaften (FFG, n.d.).

Eine weitere Organisation, die für die Kommunikation im österreichischen AAL-Bereich sehr wichtig ist, ist der Verein AAL Austria, der im Jahre 2012 gegründet wurde. Der Verein hat es sich zum Ziel gesetzt, eine AAL-Community zu bilden, in der die Stakeholder sehr stark vernetzt sind und das Bewusstsein für das Thema AAL und seine Produkte, Dienstleistungen und Systeme in der österreichischen Öffentlichkeit zu stärken (AAL Austria, 2012).

Abb. 6: Logo AAL Austria (AAL Austria, 2012)

2.4 Die Ziele von AAL

Dieses Kapitel erläutert die unterschiedlichen Ziele der europäischen AAL Association und der nationalen Organisationen.

2.4.1 Ziele aus europäischer Sicht

Die grundlegenden Ziele, die AAL verfolgt, sind weit gestreut und von jeder teilnehmenden Organisation verschieden interpretiert. Der Fokus der AAL Association liegt in einer strategischen länderübergreifenden Herangehensweise. So ist eines ihrer Ziele die Entwicklung gemeinsamer Konzepte innerhalb eines einheitlichen europäischen Rahmens mit Lösungen, die national und regional angenommen werden. Ein weiteres Ziel ist es, den kleinen und mittleren Unternehmen (KMU) die Teilnahme an der Forschung und Entwicklung auf EU-Ebenen zu erleichtern. Das Hauptziel aus der Sicht der AAL Association ist die Förderung der Entwicklung von technologischen Produkten, Dienstleistungen und Systemen, die älteren Personen den längeren Verbleib in ihren eigenen vier Wänden ermöglichen und somit neben der Steigerung der Lebensqualität das Sozialsystem entlasten (AAL Association, 2012). Ein Ziel, welches im Sinne der Wirtschaftlichkeit sehr hohe Bedeutung hat, ist es, die Produkte, Dienstleistungen und Systeme nach Projektende innerhalb von zwei bis drei Jahren zur Marktreife zu bringen.

2.4.2 Ziele aus österreichischer Sicht

Die allgemeinen Ziele im österreichischen Kontext decken sich naturgemäß mit jenen der europäischen Sicht, wobei die spezifischen Ziele aufgrund nationaler Gegebenheiten divergieren. Aus der Sicht von AAL Austria liegen die Ziele darin, vor allem die Stakeholder, die sich im AAL-Bereich an Projekten beteiligen weiter zu vernetzen, um eine AAL-Community zu schaffen. Eine AAL-Community hat den Vorteil, dass ein Erfahrungsaustausch im Rahmen von best practice-Ansätzen zwischen den Stakeholdern stattfinden kann und vor allem die allgemeine Kommunikation unter den Stakeholdern fördert. Weitere Ziele der AAL Austria sind die Bewusstseinsbildung vor allem im öffentlichen Bereich, Informationsbereitstellung, Erstellung von Leitlinien sowie die Organisation von Arbeitskreisen, Veranstaltungen und Foren. Einer dieser Arbeitskreise befasst sich mit dem Thema AAL Vision Österreich, bei dem die Ziele hauptsächlich die zukünftigen Chancen und Risiken des AAL-Standortes Österreich betreffen.

2.5 Zielgruppen für AAL-Technologien und AAL-Dienstleistungen

Für die Forschung und Entwicklung von AAL-Technologien und -Dienstleistungen ist es sehr wichtig, die Zielgruppen zu identifizieren um diese auch adressieren und ansprechen zu können. Da AAL ein sehr weit- und vielschichtiges Thema ist, gibt es dementsprechend eine große Anzahl von Zielgruppen aus verschiedenen Bereichen des täglichen Lebens. Der in Deutschland sehr engagierte Verband der Elektrotechnik Elektronik Informationstechnik e.V. kurz VDE hat über 35 Zielgruppen ausfindig gemacht, die in fünf Hauptkategorien unterteilt wurden (Eberhardt, 2009):

- Unmittelbar profitierende Zielgruppen
- Mittelbar profitierende Zielgruppen
- Sonstige profitierende Zielgruppen
- Sonstige Zielgruppen
- Weitere, bislang nicht genannte Zielgruppen

Bei der Zielgruppe der unmittelbar Profitierenden handelt es sich um Personen, die einerseits ihre Lebensqualität mit AAL-Technologien erhöhen ohne auf die Produkte angewiesen zu sein und andererseits Personen, die durch AAL-Technologien notwendigerweise unterstützt werden. Die weitere Unterteilung der unmittelbar profitierenden Zielgruppen können in Tabelle 3 eingesehen werden.

Personen mit allgemeinen Wünschen und Bedürfnissen	Personen mit Unterstützungsbedarf
An Komfort und Sicherheit interessierte Menschen An Wellness oder Sport interessierte Menschen An Prävention interessierte Menschen	Alte Menschen An Demenz Erkrankte In Mobilität eingeschränkte Menschen Chronisch kranke Menschen Akut erkrankte Menschen Menschen mit erhöhtem Risiko Menschen mit besonderer (Mehrfach-) Belastung Behinderte

Tabelle 3: Unmittelbar profitierende Zielgruppen (Eberhardt, 2009)

Bei der Zielgruppe der mittelbar Profitierenden handelt es sich um Personen und Institutionen, die durch die Anwendung der AAL-Technologien bei den betreuten Personen eine Kostenreduktion oder einen Zeitvorteil erhalten können, wie zum Beispiel (Eberhardt, 2009):

- Menschen, die sich um Menschen mit Unterstützungs- oder Pflegebedarf kümmern
- Ärzte, Krankenhäuser
- Ambulante Pflegedienste, Stationäre Pflegeeinrichtungen
- Arbeitgeber von Personen, die Menschen privat unterstützen/ pflegen
- Arbeitgeber von alternden Arbeitnehmern

Bei den sonstigen profitierenden Zielgruppen handelt es sich um Institutionen die durch den Einsatz der Technologie und der Dienstleistung Umsätze generieren oder Kostenreduktionen erwirtschaften können (Eberhardt, 2009).

- Sozialversicherungen, Versicherungen
- Wohnungswirtschaft
- Handel, Tourismus
- Gerätehersteller
- Handwerk, Dienstleister
- AAL-Integratoren
- Kapitalgeber
- Kommunen, Städte und Gemeinden

Die beiden letztgenannten Zielgruppen können von ihrem Interesse am Thema AAL-Technologien und Dienstleistungen keiner der vorher genannten Zielgruppen zugewiesen werden und wurden deswegen in der Zielgruppe Sonstige zusammengefasst (Eberhardt, 2009).

- Politik
- Seniorenverbände
- Ausbildungsstätten für Kranken- und Altenpflege
- Verbraucherverbände
- Selbsthilfegruppen
- Sonstige Interessenvertretungen

2.6 Projekte und Anwendungsfälle

Die zum Thema AAL entwickelten Produkte, Dienstleistungen und Systeme, decken sehr viele Bereiche in vielen verschiedenen Variationen ab. Schon alleine die voneinander abweichenden Begebenheiten in den unterschiedlichen Regionen und der dort generierte spezielle Bedarf lassen verschiedenartige Produkte, Dienstleistungen und Systeme entstehen. Ein wesentlicher Unterschied ist auch die Art und Weise, wie Projekte im Rahmen des AAL JP und auf nationaler Ebene ausgeschrieben werden. Zumeist bestehen AAL-Projekte aus Hardware, Software und einer Dienstleistung, wobei jeder dieser Teilbereiche von unterschiedlichen Projektpartnern kommen kann. Der eShoe ist ein typisches Beispiel für eine Kombination aus Hardware, Software und Dienstleistung.

2.6.1 AAL-Projekte und -Anwendungsfälle in der EU

Seitdem das Thema Ambient Assisted Living in Europa eingezogen ist, wird die Technik immer besser, die Software ausgeklügelter, die Datenübertragungsraten größer, die Hardware immer kleiner und leistungsfähiger (vgl. Kapitel 2.3.1). Diese Umstände nutzen die Projekte innerhalb der EU aus, um die Sensoren in die Umwelt des einzelnen Menschen, egal in welchem AAL-Bereich, zu integrieren und somit eine ideale Unterstützung zu gewähren. Ein weiterer Forschungsbereich der auch Schnittstellen mit diesen Assistenzfunktionen hat, ist der des „Intelligenten Wohnens“, der die Automation im Zuge der Vernetzung sämtlicher Geräte im Haushalt vorsieht. Das Ziel der Assistenzfunktionen ist es, den Menschen in seinem normalen Tagesablauf durch die unterstützende Technologie nicht zu behindern, sondern so beizustehen, dass die Hardware, insbesondere die Sensoren, kaum bis gar nicht wahrgenommen wird, welches dem Ansatz der Ambient Intelligence entspricht. Zu diesem Zweck werden die Endbenutzerin sowie der Endbenutzer in die Entwicklung von AAL-Technologien und -Dienstleistungen auf verschiedene Art und Weise miteinbezogen. Während Firmen, Bedarfsträger, Organisationen sich bei Meetings einbringen und teilweise im Erstellungsprozess mitarbeiten, bringen sich die Endbenutzerinnen sowie die Endbenutzer bei Fokusgruppendiskussionen und bei Feldstudien ein.

AAL-Projekte werden vom AAL JP jährlich über sogenannte Calls ausgerufen die immer ein bestimmtes Thema vorgeben, an das sich das Projekt zu halten hat. Wie in Tabelle 4 zu sehen ist, wurde im Februar 2008 mit dem ersten Call gestartet, bei dem unter dem Thema „Chronic Conditions" Produkte, Systeme und Dienstleistungen entwickelt werden sollten, die Menschen mit Risikofaktoren und chronischen Erkrankungen unterstützen. Ab 2014 wird der Call nach Jahreszahlen benannt und nicht mehr wie seit dem Beginn im Jahre 2008 durchnummeriert. Diese neue Benennung vereinfacht eine Identifikation des Calls und eine Zuordnung zum Jahr der Ausschreibung wesentlich. Call 1 bis Call 2019 sind bereits geschlossen, was bedeutet, dass nie zwei Calls parallel laufen.

Call	Thema
1	Chronic Conditions
2	Social Interaction
3	Self-Serve Society
4	Mobility
5	Daily Life Activities
6	Supporting Occupation In Life For Older Adults
2014	Care For The Future
2015	Living Actively And Independently At Home
2016	Living Well With Dementia
2017	Integrated Package Of Solutions
2018	Smart Solutions For Ageing Well
2019	Sustainable Smart Solutions For Ageing Well
2020	Healthy Ageing With The Support Of Digital Solutions

Tabelle 4: AAL JP Calls chronologisch (AAL Association, 2012)

2.6.2 AAL-Projekte und -Anwendungsfälle in Österreich

In Österreich wurde neben der Forschung und Entwicklung von AAL-Produkten, -Systemen und -Dienstleistungen im Rahmen des AAL JP der europäischen Union im Jahre 2007 ein eigenständiges nationales Programm namens „benefit" mit der Programmlinie „Demographischer Wandel als Chance" gegründet. Die allgemeinen Ziele des Programms decken sich mit jenen der AAL-Ideologie, mit dem Unterschied, dass benefit die Wettbewerbsfähigkeit und Leistungsfähigkeit der österreichischen Unternehmen, Forschungseinrichtungen und Daseinsversorger steigern soll. Ebenso sollen Forscherinnen und Forscher im Rahmen von benefit eine qualifizierte Ausbildung ermöglicht werden (bmvit, n.d.).

programm
benefit

Abb. 7: benefit Logo (FFG, n.d.)

Der Gründer nach Artikel 185 des Vertrags über die Arbeitsweise der Europäischen Union und gleichzeitig Sponsor des benefit Programmes ist das österreichische Bundesministerium für Verkehr, Innovation und Technologie (Anmerkung: mittlerweile Bundesministerium für Klimaschutz, Umwelt, Energie, Mobilität, Innovation und Technologie) und die forschungstreibende Organisation ist das österreichische Forschungsförderungsinstitut, wie auch unter dem europäischen AAL Joint Programme (vgl. Kapitel 2.3.5).

AAL-Projekte in Österreich werden unter dem Programm benefit vom bmvit ausgerufen und geben im Gegensatz zu den AAL-Projekten des AAL JP kein Thema vor. Diese freien Ausschreibungen ermöglichen den Antragstellern ein breiteres Feld an Projekten und kommen somit den nationalen Unternehmen im Bereich uneingeschränktes Forschen im Rahmen der AAL-Grundsätze zu Gute.

Die Teilnahme an AAL JP- und benefit-Projekten machen österreichische Unternehmen im AAL-Bereich sehr erfolgreich, da sie ihre Erfahrungen auf nationaler Ebene auf europäischer Ebene und umgekehrt nutzen können. Die für die bessere Kommunikation und Vernetzung der Stakeholder gegründete AAL Austria trägt ihren Teil zum erfolgreichen internationalen Auftreten der nationalen Stakeholder bei.

Ein Beispiel für ein benefit-Projekt an dem der Verfasser teilgenommen hat, ist das „AID – Interactive Awareness Display for Elderly People", bei dem es darum ging sämtliche Kommunikationskanäle, wie Email, Telefonie und SMS, auf einfache bedienbare Art und Weise in eine Touchscreen Oberfläche zu integrieren um Benutzungsbarrieren und somit den Zugang zu IKT-Produkten für ältere Personen zu erleichtern (FFG, 2008).

Ein Beispiel für ein AAL JP- Projekt, das von einem nationalen Unternehmen geführt wurde ist „HERA- Home sERvices for specialised elderly Assisted living“, bei dem es darum ging eine Plattform zu entwickeln, über die ältere Personen ihre kognitiven und physischen Fähigkeiten trainieren können, aber auch sämtliche pflegespezifischen Bedürfnisse mit den Pflegedienstleistern über diese Plattform abwickeln zu können (Österreichisches Rotes Kreuz, n.d.; AAL Association, 2012).

2.6.3 AAL in der Partnerfirma CEIT RALTEC

Die Firma CEIT RALTEC gemeinnützige GmbH mit Sitz in Schwechat wurde im Jahr 2006 als eine Forschungseinrichtung, die sich unter anderem mit dem Thema AAL, aber speziell mit Rehabilitationstechnik beschäftigen soll, gegründet. Da zu diesem Zeitpunkt die AAL-Idee in Europa und Österreich erst begonnen hat durchzustarten, kann man sagen, dass diese Firma von Anfang an mit dabei war (Hieger, 2014). Herr Walter Hlauschek ist seit Gründung des Unternehmens als CEO mit dabei und ist auch gleichzeitig der Ansprechpartner des Verfassers für die Konzeptstudie im Rahmen dieser Masterthesis.

Seit der Gründung der AAL Austria ist die Firma CEIT RALTEC aktives Mitglied und konnte von der Vernetzung der Stakeholder und der Bewusstseinsbildung des AAL-Gedankens in der Öffentlichkeit profitieren (Hieger, 2014).

Abb. 8: CEIT RALTEC Logo (CEIT RALTEC, 2014)

Das Unternehmen CEIT RALTEC forscht auf europäischer sowie auch auf nationaler Ebene in den verschiedensten Forschungsprogrammen.

Im Rahmen des AAL JP wurde als Partner bei dem Projekt „Softcare“ mitgearbeitet, bei dem ein mit einem Sensor und einem Notrufknopf bestücktes Armband in Kombination mit einem Sensor pro Wohnraum Verhaltensmuster aufzeichnet und auch Stürze erkennen kann, woraufhin es automatisch einen Notruf absetzen kann.

Auf nationaler Ebene, im Rahmen des benefit Programms, wurde ein Forschungsprojekt namens „vitaliShoe" umgesetzt. Dieses basiert auf dem eShoe und steigert die Aktivität der Anwender mittels Trainingsprogramm und verringert somit auch die Sturzgefahr. Die Basis, der sogenannte eShoe wurde bereits im Jahr 2006 als strategisches Projekt aufgesetzt und mit Eigenmitteln finanziert. Seit Herbst 2013 wird die Forschung am eShoe basierend auf den Projektergebnissen des Projekts vitaliShoe im Rahmen des benefit Projekts „MISTRAAL", in dem die Anwendbarkeit des eShoe im medizinischen Bereich getestet wird, vorangetrieben. Im Jahre 2014 wurde die Firma CEIT geschlossen und der direkte Nachfolger, die Firma raltec wurde gegründet. Im Jahre 2018 wurde aus dem Projekt heraus das Unternehmen „reha buddy" gegründet, welches die Programmierung der Analyse-Software für den eShoe weiter vorantreibt. Die vielseitige Einsetzbarkeit des eShoe macht diesen auch interessant für Weiterentwicklungen in allen möglichen AAL-Bereichen, zum Beispiel als Basis des Straight Stroke Coach, für welchen die Konzeptstudie durchgeführt wird.

2.6.4 Exkurs: Forschungsansätze in den USA

In den Vereinigten Staaten von Amerika ist der Begriff Rechnerallgegenwart (Ubiquitous Computing) wesentlich bekannter, als der europäische Ansatz des AAL (vgl. Kapitel 2.3). Auf der Suche nach AAL-Ansätzen in den Vereinigten Staaten von Amerika stößt man sehr oft auf den Begriff Assisted Living, wobei bei diesem Ansatz jedoch der Mensch als Assistenz und nicht die Technologie im Vordergrund steht. Dadurch, dass wie in Kapitel 2.1 bereits erwähnt, der Begriff AAL ein reines Schlagwort ist, das sich Europa für diesen Bereich ausgesucht hat, ist es sehr schwierig vergleichbare Ansätze unter diesem Namen zu finden. Ähnliche Ansätze kann man im Bereich Tele-Medicine, Tele-Healthcare und Smart living finden, wobei bei letzterem der Fokus auf der Hardware und ihrer Vernetzung liegt und nicht direkt auf der Assistenzfunktion über das Gesamtsystem. An Universitäten und biomedizinischen Forschungseinrichtungen orientiert man sich seit kurzer Zeit immer mehr am europäischen Forschungsansatz des AAL-Themas, da das Potential der Produkte, Systeme und Dienstleistungen im Ansatz viele Möglichkeiten bietet.

2.6.5 Themengebiet AAL und Freizeit

Der AAL-Bereich umspannt ein großes Gebiet an Anwendungsmöglichkeiten wie man schon bei der Definition der Zielgruppen sehen kann. Da der Fokus nicht nur bei Personen liegt, die unbedingt Unterstützung benötigen, eröffnet sich mit dem Thema Freizeitgestaltung ein weiteres sehr großes Themenfeld in dem AAL-Technologien, -Systeme und -Dienstleistungen eingesetzt werden können (vgl. Kapitel 2.5).

Im Bereich Social Interaction (Abb. 9) gibt es auch von AAL-Seite her bereits seit dem Jahre 2007 den Bereich Hobbies, der darauf abzielt, Personen auch in ihren Freizeitbeschäftigungen technologisch zu unterstützen.

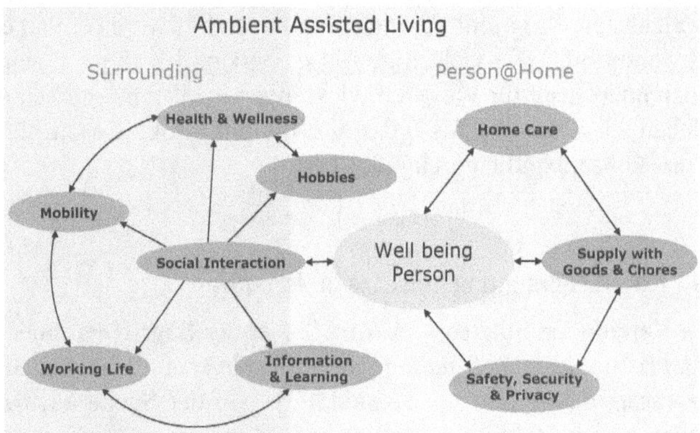

Abb. 9: Überblick AAL-Bereiche (Strese, 2007, p.72)

Mit der Kombination aus dem vielseitig einsetzbaren eShoe (vgl. Kapitel 2.6.3), dem Fokus auf Freizeitgestaltung aus dem AAL-Bereich und den steigenden Haushaltsausgaben für den Freizeit-, Sport- und Hobbybereich (vgl. Kapitel 1.1) wird die Möglichkeit einer Überführung und Weiterentwicklung des eShoe zu einem Sportgerät anhand einer Konzeptstudie untersucht.

3 Technische Grundlagen

Nach dem theoretischen Einstieg soll hier jetzt praxis- und anwendungsbezogen das Konzept einer Weiterentwicklung des eShoe für den Hobby- und Freizeitbereich im Zusammenhang mit Poolbillard untersucht werden. Es werden dabei sowohl recherchierte Hintergrundinformationen als auch selbst erhobene Daten analysiert und aufbereitet. Das Kernziel ist eine Konzeptstudie zur Anwendung und zur Weiterentwicklung des eShoe zu einem Trainingsgerät im Bereich Poolbillardtraining. Zu diesem Zweck wird der eShoe als Technologie vorgestellt und das ursprüngliche Anwendungsgebiet des eShoe genauer betrachtet. Ebenso wird der Hintergrund der Bewegungsabläufe im Poolbillardsport erläutert und worauf es bei der Weiterentwicklung zu einem Trainingsgerät im Poolbillardbereich ankommt.

Die Konzeptstudie die den fiktiven Namen Straight Stroke Coach trägt wird vorgestellt, sowie die Herangehensweise, um Daten, die für die Konzeptstudie von essentiellem Wert sind, zu erhalten. Der Einstieg in das Thema erfolgt über eine Interviewserie, die als leitfadengesteuertes Interview mit langjährig trainierenden Poolbillard Wettkampfspielern sowohl qualitative als auch quantitative Daten generiert. Die Erhebung und Auswertung der erhaltenen Daten führen zu einer Evaluation, ob und in welcher Form das Konzept ausgestaltet und weitergeführt werden kann. Bei einem positiven Entscheid wird das Konzept mittels der erhaltenen Daten optimiert und neu definiert, wobei bei einer negativen Entscheidung das Konzept nicht weiter ausgearbeitet und somit keine quantitative Erhebung mehr stattfinden wird.

Das überarbeitete Konzept fließt direkt in einen Fragebogen ein, der online gestellt wird und weltweit von Poolbillard Hobby- über Amateur- bis hin zu Profispielern beantwortet werden kann.

3.1 Hintergrund eShoe

3.1.1 Was ist der eShoe?

Der eShoe ist das Ergebnis mehrerer Forschungsprojekte, bei dem es grundsätzlich darum geht, dass sämtliche Bewegungen, die eine Person beim Gehen durchführt, aufgezeichnet und ausgewertet werden können. Genauer gesagt handelt es sich dabei um eine orthopädische Einlagesohle, die mit Sensoren und Kommunikationstechnik bestückt ist. In der schematischen Darstellung des eShoe in Abb. 10 kann man den komplexen Aufbau und die dahinterliegende Technologie ersehen, wobei die Abbildung keinesfalls der tatsächlichen Größe entspricht, sondern nur einen Überblick gewähren soll.

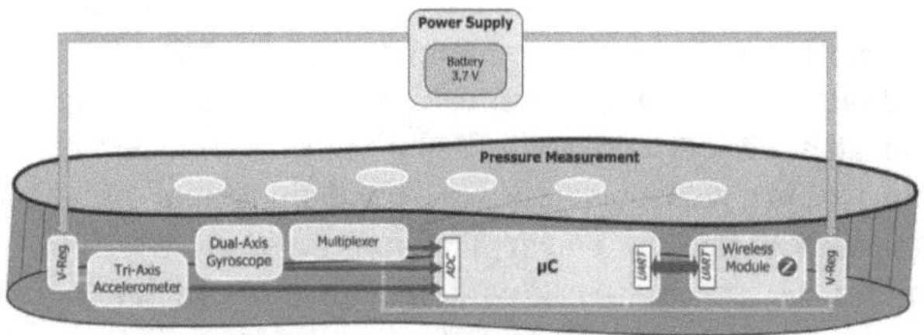

Abb. 10: Schematische Darstellung des eShoe (Jagos et al., 2010)

3.1.2 Verbaute Elemente

Dieses Kapitel liefert eine Auflistung der im eShoe verbauten Elemente (Jagos et al., 2010). Dieser Überblick ist vor allem bei der Weiterentwicklung des eShoe zu einem Trainingsgerät eine wichtige Information.

- Drucksensoren: Messen den auf sie wirkenden Druck und wandeln diese physikalische Größe in eine elektrische Größe, die als Maß für den Druck gilt, um.
- 3-Achsen-Beschleunigungssensor: Dieser misst die Beschleunigungen in den drei Dimensionen in dem die Druckschwankungen in elektrische Signale umgewandelt werden und gibt diese weiter.
- 2-Achsen Kreiselinstrument (Gyroskop): Das Gyroskop ist ein Kreisel, der sich kontinuierlich bewegt. Hier wird der Unwillen des Kreisels, sich aus seiner Drehachse zu bewegen genutzt, um den Winkel der von außen wirkenden Kraft via Drehmoment zu berechnen und in ein elektrisches Signal umzuwandeln.

- Multiplexer: Ist eine elektronische Schaltung, die mehrere Eingänge (Datenquellen) seriell durchschaltet und somit einen parallelen Datenstrom seriell aufbereitet.
- Mikrocontroller: Dieser besteht aus einem Computerchip, der einen Prozessor enthält und meistens auch Peripheriefunktionen enthält, um Signale zu erhalten. Ein Mikrocontroller verarbeitet die Signale und kann sie mittels angeschlossener Übertragungseinheit an ein weiteres System weiterleiten.
- Wireless Module (Übertragungseinheit): Eine Übertragungseinheit kommuniziert mittels eines Protokolls, in diesem Fall IEEE 802.15.4 (ZigBee) mit einer verbundenen Empfangseinheit.
- Stromversorgung: Eine Batterie, die sämtliche Komponenten mit Strom versorgt.
- Spannungsregler (V-Reg): Regelt die Spannung, die an den Bauelementen anliegt.

3.1.3 Aufbau und Funktionsweise

Die Technologie des eShoe ist in drei Baugruppen gegliedert, die miteinander verbunden pro orthopädischer Einlagesohle kommunizieren und ein in sich geschlossenes System bilden. Diese Baugruppen trennen sich in zwei Einheiten, die Daten liefern, der Trägheitsmesseinheit und der Druckmesseinheit und einer Einheit, welche die Daten verarbeitet und aufbereitet, der Verarbeitungseinheit wie in Abb. 11 zu sehen ist auf. Des Weiteren wird neben der Technologie im eShoe eine Basisstation zur weiteren Verarbeitung und Anzeige benötigt.

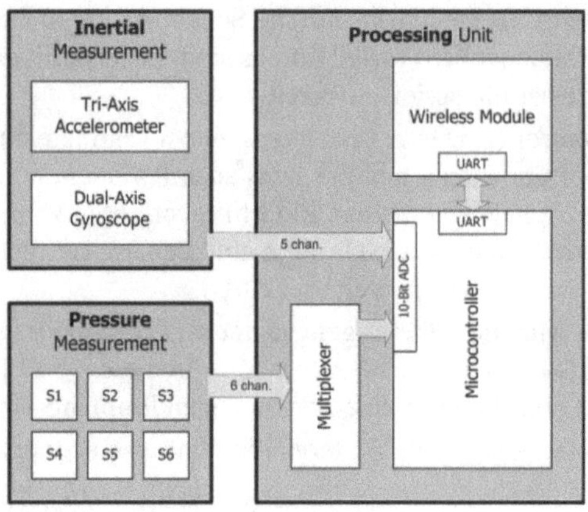

Abb. 11: Blockschaltdiagramm des eShoe (Jagos et al., 2010)

Trägheitsmesseinheit (Inertial Measurement)

Diese Einheit besteht aus dem 3-Achsen-Beschleunigungssensor und dem 2-Achsen Gyroskop. Beide Sensoren dienen dazu, die Bewegungen der Einlagesohle, respektive des Schuhs in Richtung und Geschwindigkeit zu erfassen. Beide Sensoren senden pro Bewegungsachse Daten auf einem Kanal, somit gibt es in dieser Einheit fünf ausgehende Kanäle, die fünf verschiedene Datenströme an die Verarbeitungseinheit senden.

Abb. 12 zeigt die Möglichkeiten, wie sich ein Objekt im freien Raum bewegen kann und dient zur Veranschaulichung der aufzuzeichnenden Bewegungen.

Der Beschleunigungssensor deckt die geradlinigen Bewegungen über die z-Achse (vorwärts/rückwärts), die x-Achse (links/rechts) und die y-Achse (oben/unten) ab, während das Gyroskop das Neigen über die x-Achse (Nick-Winkel) und das Rollen über die z-Achse (Roll-Winkel) aufzeichnet.

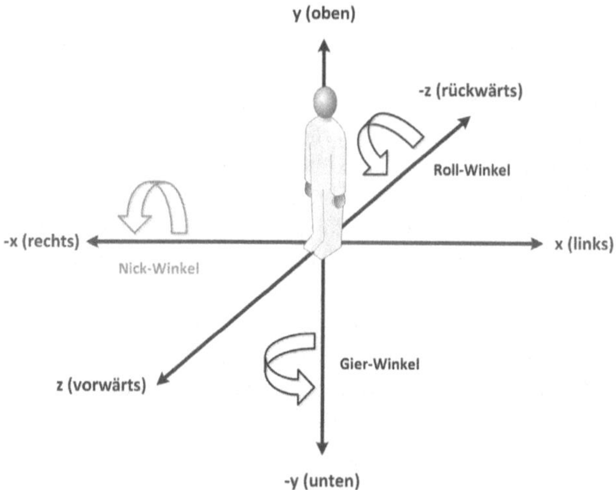

Abb. 12: Achsen im dreidimensionalen Raum

Druckmesseinheit (Pressure Measurement)

Diese Einheit besteht aus sechs Drucksensoren, die entlang der orthopädischen Einlagesohle verteilt sind und somit die Druckverteilung über die Fläche aufzeichnen können. Jeder dieser Sensoren erzeugt einen eigenen Datenstrom, was zur Folge hat, dass Daten über sechs Kanäle an die Verarbeitungseinheit gesendet werden.

Verarbeitungseinheit (Processing Unit)

Diese Einheit besteht aus einem Mikrocontroller, der sämtliche Daten verarbeitet und aufbereitet, einem Multiplexer, der die Daten der Drucksensoren aufbereitet und einer Kommunikationseinheit, die die aufbereiteten Daten an einen Empfänger schickt.

An den Eingängen des Multiplexers liegen die sechs Datenströme der Drucksensoren an. Ziel des Multiplexers ist es, diese sechs Datenströme mittels interner Logik und Schaltverhalten von parallelen Eingangsdaten zu seriellen Ausgangsdaten, sprich zu einem Signal zu verwandeln.

Der Mikrocontroller bekommt nun die Daten von der Druckmesseinheit und von der Trägheitsmesseinheit über einen Analog Digital Umwandler bereitgestellt, der wie der Name schon sagt analoge Signale in digitale umwandelt. Diese digitalen Signale werden benötigt, damit der Mikrocontroller diese verwerten kann. Eine Software, die in diesem

System läuft, verarbeitet die Datenströme und bereitet diese auf, um das Ergebnis weiterzuleiten. Die Verbindung zwischen der Sendereinheit und dem Mikrocontroller funktioniert über eine universelle asynchrone Sender Empfänger Schnittstelle, in englischer Kurzform UART, bei der die Daten seriell ausgetauscht werden.

Die Sendeeinheit ist ein Funkübertragungsmodul des ZigBee Standards, basierend auf dem Funkstandard IEEE 802.15.4. ZigBee wurde im Besonderen für kurze Funk-Entfernungen und Geräte die mit Batterien, sprich mit beschränkter Energieversorgung, betrieben werden, entwickelt. Hinter diesem Standard steht die sogenannte ZigBee Allianz, die kontinuierlich die Entwicklung von ZigBee-Geräten vorantreibt. Mittels eines WPAN (Wireless Personal Area Network) in dem sich die ZigBee Geräte miteinander verbinden, wird dann der Datenstrom der Mikrocontrollereinheit an eine Basisstation außerhalb des eShoe zur weiteren Verarbeitung übertragen.

Basisstation

Die Basisstation benötigt ein einfaches Betriebssystem, auf dem eine Software läuft, die mittels Algorithmen die Datenströme auswerten kann und somit Bewegungsmuster und Bewegungsverhalten anzeigen kann. Die Komplexität des ausgegebenen Musters variiert je nachdem, welcher Anwender das Bewegungsmuster abruft. Eine Person, die den eShoe zum Training benutzt, bekommt ein relativ simples Feedback, wohingegen medizinisches Personal oder auch Sporttrainer detailliertere Darstellungen erhalten, die je nach Bedarf auch weitere Daten anzeigen können (Hieger, 2014).

Stromversorgung (Power Supply)

Die Stromversorgung des eShoe übernimmt eine 3,7 Volt Batterie, die frei zugänglich und somit leicht auswechselbar ist. Die Batterie ist das einzige Bauteil, das bei der orthopädischen Einlagesohle zugänglich ist, alle anderen Bauteile sind fest in die Einlagesohle integriert.

3.1.4 Was ist das ursprüngliche Anwendungsgebiet des eShoe?

Die ursprüngliche Aufgabe des eShoe war es, ein mit Sensoren bestücktes Sturzerkennungssystem, welches einfach am Körper tragbar ist und die Benutzerin und den Benutzer nicht in ihrer Bewegungsfreiheit einschränkt, zu entwickeln. Aufbauend auf diesem Projekt entwickelte sich rasch eine weitere Anwendungsmöglichkeit, die mit dieser Technologie sehr gut abdeckbar ist, die Ganganalyse. Dieser Aspekt, dass das Gangbild, welches bis zu diesem Zeitpunkt nur in Labors und medizinischen Einrichtungen erfasst werden konnte, mittels eShoe im freien Umfeld gemessen werden konnte, bestätigte die Weiterentwicklung zu einem Diagnoseinstrument (Hieger, 2014). In einem weiteren AAL-Projekt wurde so der vitaliShoe auf Basis des eShoe entwickelt.

3.1.5 vitaliShoe

Bei dem Projekt vitaliShoe wurde der eShoe in ein bestehendes System des Projektpartners myVitali integriert und für ein Balance- und Aktivitätstraining benutzt. Hierbei werden die Bewegungsdaten von einer Basisstation interpretiert und visuell an eine graphische Schnittstelle weitergegeben, die die Daten mittels Echtzeitfeedback zum Beispiel für Trainingszwecke darstellt wie in Abb. 13 zu sehen ist.

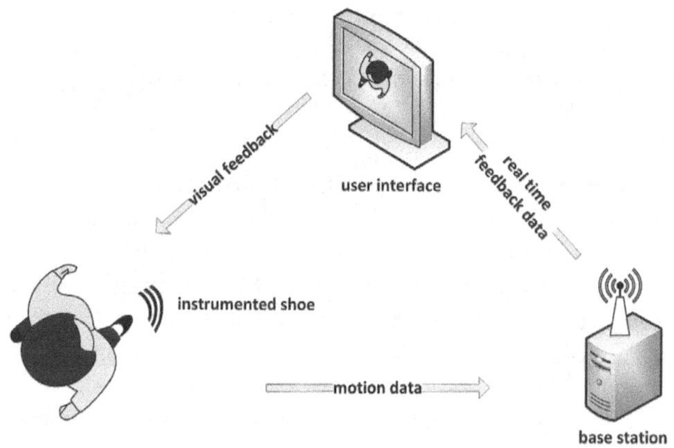

Abb. 13: vitaliShoe Anwendungsbeispiel (modifiziert übernommen von CEIT RALTEC, 2014)

Die Weiterentwicklung des eShoe hatte auch zur Folge, dass die Technologie innerhalb der orthopädischen Einlagesohle verbessert wurde. Eine dieser Verbesserungen betrifft das Gyroskop, das von einem 2-Achsen-Modell auf ein 3-Achsen-Modell des Typs ITG-3200 von IvenSense (David, et al., 2012) getauscht wurde, somit können Abweichungen des Gierwinkels ebenfalls gemessen werden (vgl. Kapitel 3.1.3). Eine weitere Änderung in diesem Bezug war, dass ZigBee durch ein Bluetooth Modul des Typs KC-22 Bluetooth OEM Micro Module (David, et al., 2012) ersetzt wurde, um die Übertragung zu verbessern. Diese kontinuierliche Verbesserung macht aus dem eShoe ein vielseitig anwendbares und erweiterbares System.

3.1.6 Vergleichbare Produkte

Der Bereich der Druckmessung mittels Drucksensoren Einlagesohlen ist ein sehr interessantes Gebiet und deswegen gibt es hier bereits einige Produkte zur Ganganalyse im Handel. Als Beispiele werden hier einige Produkte genannt, die auf den ersten Blick sehr ähnlich zum eShoe sind.

medilogic

Medilogic kommt aus dem Medizintechnikbereich und stellt bei ihrem Webauftritt drei verschiedene Arten von Sohlen zur Druckmessung vor, die medilogic WLAN-Sohle, die medilogic Sohle und die medilogic Sohle Sport. Die interessanteste Sohle ist die medilogic Sohle Sport, die mit der Überschrift „Sofortdarstellung ohne Kabel“ wirbt. Die Unterschiede zum eShoe sind, dass sämtliche Elektronik, vor allem die Rechnereinheit und die Funkeinheit mit einem Gürtel um die Taille getragen werden und eine Kabelverbindung zu den Einlegesohlen besitzen, sowie dass nur der Druck über die Sohle gemessen wird (Tober, n.d.).

moticon

Die deutsche Firma moticon produziert Sensorprodukte zur Bewegungsanalyse im Sport- und Medizinbereich und stellt die OpenGo Sensorsohle als Produkt vor. Die Einlagesohle ist ebenfalls wie beim eShoe ein in sich geschlossenes System, das die Funkübertragung über ANT abwickelt, was eine kleinere Datenübertragungsrate im Gegensatz zu ZigBee zur Folge hat. Ein weiterer Unterschied ist, dass in der OpenGo Sohle mit 13 Stück mehr als doppelt so viele Drucksensoren, ein zusätzlicher Thermosensor, aber dafür kein Gyroskopsensor verbaut sind (Müller & Vilzmann, n.d.). Moticon zeigt mit seiner OpenGo Einlagesohle, dass aus der Forschung in diesem Bereich durchaus ein taugliches Produkt entsteht, das ohne viele Umschweife eingesetzt und ausgewertet werden kann.

stapp one

Die Vorarlberger Firma stapptronics produziert derzeit instrumentierte Einlagen für den medizinischen und den reha Bereich in Österreich. Die Sohle ist ebenfalls in sich geschlossen wobei der beinhaltete Akkumulator kontaktlos geladen wird. Die Sohle wird via BLE (Bluetooth Low Energy) mit der eigens konzipierten stapp one Software am PC oder am Tablet verbunden. Mit dieser Software werden die Bewegungsdaten live ausgewertet und übersichtlich dargestellt.

Die am besten ausgerüstete Sensorsohle hat jeweils zwei Mal 6-Achsen Trägheitsmessung, zwei Mal 3-Achsen Beschleunigungsmessung sowie einem 3-Achsen Magnetometer und einem 3-Achsen Gyroskop (Krimmer, 2016).

feetme

Die französiche Firma feetme produziert Einlagesohlen für den reha und ebenso für den medizinischen Bereich. Die Sohle unterscheidet sich von den anderen dadurch, dass sie auch mittels elektrischer Impulse gewünschter Bereiche am Spann stimulieren kann. Die feetme Sohle ist ebenfalls ein in sich geschlossenes System und verwendet ähnliche Sensoren wie die der von anderen vorgestellten Unternehmen produzierten Sensorsohlen (Mathieu, n.d.).

3.2 Hintergrund Poolbillard

Bevor die spezifische Studie vorgestellt wird ist es wichtig, die Sportart, in der das Konzept Anwendung finden soll, zu definieren und seine Anforderungen an den Athleten kurz darzustellen.

3.2.1 Was ist Poolbillard?

Um diesen Begriff erklären zu können, muss man auf die Überkategorie Billard verweisen, die neben Poolbillard auch Karambol und Snooker umfasst. Billard beschreibt im Allgemeinen einen Sport, bei dem ein Ball mit einem Stock auf einem Tisch mit höher gestellten Begrenzungen gestoßen wird, um andere Bälle zu treffen.

Historisch gesehen, gibt es keinen eindeutigen Beweis woher der Name Billard kommt, oder auch in welchem Land es erfunden wurde. Die wohl am ehesten passende Bedeutung des Wortes Billard kommt aus dem französischen und heißt „l'art de bille", was so viel bedeutet wie die Kunst der Kugel. Ebenfalls bedeutet „billard" aus dem französischen so viel wie „krummer Stab" (Huber, 2011). Billard wurde früher nur vom Adel gespielt, da die Tische und die Ausrüstung sehr teuer waren. Das ursprüngliche Billardspiel war sehr an das Spiel Crocket, bei dem man farbige Bälle mittels Schläger durch Tore treibt, angelehnt. So zeigt die Abb. 14 Ludwig XIV., den Sonnenkönig bei einer Partie Billard, bei der man mit einem „krummen Stab" den Ball durch ein Tor treiben musste.

Abb. 14: Ludwig XIV. beim Billardspielen um 1694 (Kunst und Spiele, n.d.)

Wenn der Ball zu nahe an der Bande gelegen ist, durfte man den Stock umdrehen und mit dem dünneren Ende den Ball anstoßen. So entwickelte sich die heutige Form des konisch zulaufenden Spielstocks, in der Fachsprache das „Queue", nach dem französischen Wort für „Stiel", genannt (Huber, 2011). Aus dieser Variante leitet sich das Spiel Karambol ab, das ohne Löcher am Tisch gespielt wird. Von 1770 bis in das Jahr 1920 wurde in Großbritannien English Billards mit drei Bällen und sechs Löchern, in der Fachsprache „Taschen" genannt, am Tisch gespielt. Basierend auf dieser Spielvariante entwickelte sich im amerikanischen Raum das Vier-Ball-Billard, bei dem es Punkte dafür gab, angespielte Bälle zu versenken, den Spielball zu versenken, oder einen Zusammenstoß, in der Fachsprache Karambolage genannt, zu erlangen. Daraus wiederum entspringt das heute bekannte Poolbillard, dessen Name von den sogenannten „pool parlors", den Wettsalons für Pferderennen stammt. In diesen Salons wurden Poolbillardtische aufgestellt, damit sich die Wettenden in den Pausen zwischen den Rennen die Zeit vertreiben konnten (The Billard Shop, n.d.). Dabei entstand dann auch das schlechte Image des rauchenden, trinkenden und spielsüchtigen Poolbillardspielers, unter dem der Poolbillardsport auch heute noch leidet. In diesen Zeitraum fällt auch der Film „Haie der Großstadt" mit Paul Newman, in dem man dieses Image, dass sogar am Tisch geraucht wird, bestätigt sieht (Abb. 15).

Abb. 15: Szene aus dem Film „Haie der Großstadt“ (1961) mit Paul Newman (IMDb, n.d.)

Im heutigen Poolbillardsport gibt es mehrere Spielvarianten, bei denen es immer darum geht, mittels des Queues den weißen Ball so zu treffen, dass dieser einen Objektball in eine der sechs Taschen versenkt, oder eine Spielsituation entsteht, mit der der Gegner nichts anfangen kann, in der Fachsprache „Safe“ genannt. Poolbillard ist ein Einzelsport, bei dem der Gegner nicht eingreifen kann, solange die Aufnahme des Spielenden nicht beendet ist. Aufnahme ist jener Zeitraum, innerhalb dessen der Spieler Bälle versenkt und kein „Foul“ dabei entsteht. Die Aufnahme wird beendet, wenn zum Beispiel der weiße Ball, sprich der Spielball, in eines der Löcher fällt, den falschen Ball zuerst trifft, gar keinen Ball trifft oder vom Tisch springt, was in allen Fällen als Foul zu bezeichnen ist oder die Spielerin oder der Spieler einen korrekten Stoß durchführt, bei dem aber nicht der erwünschte Ball in der Tasche versenkt wird (ÖPBV, n.d.).

Die populärsten Spielarten im Poolbillard sind 8-Ball, 9-Ball, 10-Ball und 14/1 endlos. Hervorzuheben ist hier die Spielart 9-Ball, weil sie kurzweilig und einfach zu verstehen ist, was dem Poolbillardsport auch Sendezeit im Fernsehen gebracht hat. Zu diesem Zweck wurden auch die Farben der Bälle modifiziert, um im Fernsehbild einen besseren Kontrast zu erhalten. Die Aufmerksamkeit, die der Billardsport erlangt, reichte zwar dafür, dass im Jahre 1998 Billard in die Liste der olympisch anerkannten Sportarten aufgenommen wurde, aber es sind bis jetzt nicht alle Aufnahmekriterien erfüllt, um in das olympische Programm aufgenommen zu werden (ARISF, n.d.).

3.2.2 Ausrüstung

Folgende Gegenstände zählen zur Standardausrüstung für eine gepflegte Partie Poolbillard: der Tisch, die Bälle, ein Stück Billardkreide und das Queue. Alle diese Gegenstände sind in einem Billardlokal für die Spieldauer zu entlehnen. Wenn man ambitionierter an die Sache herangeht, kauft man sich ein Queue, das zu einem passt und noch weitere Ausrüstungsgegenstände, um immer die gleiche Qualität des Spielmaterials sicherzustellen.

Poolbillardtisch

Den Poolbillardtisch gibt es in mehreren Größen, wobei bei internationalen und großen nationalen Wettkämpfen der 9-Fuß Tisch eingesetzt wird. In Österreich werden in den jeweiligen Landesligen auch 8-Fuß Tische genehmigt, da ein Poolbillardtisch eine Menge Platz in Anspruch nimmt. In weiterer Folge handelt es sich, wenn von einem Poolbillardtisch gesprochen wird, immer um den 9-Fuß Tisch. Die Außenmaße betragen 2,74 mal 1,74 Meter, was bedeutet, dass wenn man mit dem Queue einen Ball nahe an der Bande spielen will, auch noch der Platz für das Queue miteinberechnet werden muss. Somit liegt der Platzbedarf für einen Poolbillardtisch bei 5,84 mal 4,57 Meter, was wiederum eine Raumgröße von sechs mal fünf Metern entspricht, um behinderungsfrei spielen zu können. Die Spielfläche innerhalb der Banden beträgt 2,54 mal 1,27 Meter, was einem Rechteck mit dem Seitenverhältnis 2:1 entspricht. Diese Spielfläche besteht zumeist aus drei Schieferplatten, die mindestens 2,5 Zentimeter dick sein müssen und pro Platte zwischen 100 und 120 Kilogramm wiegen. Diese Platten werden eingewogen und dann mittels Kitt am Stoß verspachtelt und überschliffen, damit der Lauf der Bälle nicht beeinträchtigt wird. Überzogen werden die Schieferplatten mit einem gewobenen Tuch, das speziell für die Ball-Laufeigenschaften auf einem Pooltisch in verschiedenen Farben und Stärken hergestellt wird. Die Höhe der Spielfläche sollte im Turnierbetrieb zwischen 74 und 85 Zentimeter liegen. Begrenzt wird die Spielfläche von einem Kranz, der Bandenspiegel genannt wird und auf der Innenseite, also der der Spielfläche zugewandten Seite die Banden beinhaltet, die ebenfalls mit demselben Tuch überzogen sind. Der Bandenspiegel sollte ein Mindestmaß von 10 Zentimetern nicht unterschreiten und dient als Handauflagefläche, wenn der Spielball nah der

Bande liegt. Jeder Poolbillardtisch hat sechs Taschen, die sich jeweils in den Ecken und in der Mitte der Längsbande befinden. Nachdem der Tisch mit dem Tuch bezogen wurde, werden Markierungen eingezeichnet, um verschieden Stellen des Tisches kennzuzeichnen. Ebenso dienen kleine andersfarbige Punkte, die sogenannten Diamanten, im Bandenspiegel zur Orientierung bei Bandenstößen. Auf jeder Teilbande, also jeweils zwischen den Taschen, befinden sich jeweils drei Diamanten, die im gleichen Abstand zueinander angebracht sind, wie in Abb. 16 zu sehen ist (Alfieri & Sander, 2004; Huber, 2011; Eckert, 2006).

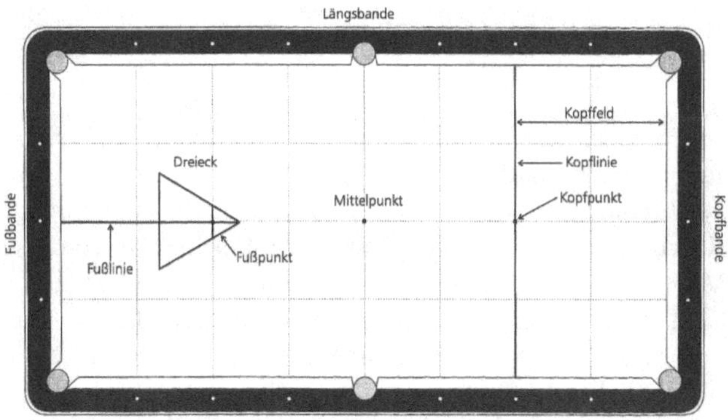

Abb. 16: Spielfläche eines Pooltisches mit Markierungen (Alfieri & Sander, 2004)

Die optischen Begebenheiten eines Tisches hängen sehr stark vom Tischbauer und von den Wettkampfbestimmungen ab. Zumeist werden im Wettkampfbetrieb braune oder schwarze Tische mit dazu passenden Tuchfarben verwendet. International hat sich die Tuchfarbe auf ein sattes Blau eingependelt, da auf diesen Tüchern die Kontraste am besten zu sehen sind. In Abb. 17 sieht man einen Turniertisch der Marke Brunswick, Type Gold Crown V mit einem dunkelblauen Tuch, der in dieser Ausführung über 8000 Euro kostet. Dieser Umstand und der doch beachtliche Platzbedarf erklären, warum in Europa sehr wenige Personen einen privaten Poolbillardtisch in ihrem Zuhause stehen haben.

Abb. 17: Brunswick Gold Crown V Turnierausführung (Brunswick, n.d.)

Bälle

Ein vollständiger Satz Poolbillardbälle besteht aus einem weißen Ball, den Nummern eins bis acht in verschiedenen Farben vollfärbig und den Nummern neun bis fünfzehn in verschiedenen Farben halbfärbig wie in Abb. 18 zu sehen ist. Alle Bälle haben den gleichen Durchmesser von 57,2 Millimeter und wiegen 170 Gramm. In den Anfängen bestand der Ball aus Elfenbein, das mittlerweile aus Kostengründen und auch aus ethischen Gründen durch Phenolharz ersetzt wurde (Eckert, 2007). Bei den unterschiedlichen Spielarten im Poolbillard werden unterschiedlich viele Bälle benutzt, so sind es beim 9-Ball neun Bälle plus Spielball, im 10-Ball zehn Bälle plus Spielball, beim 8-Ball und beim 14/1 endlos fünfzehn Bälle plus Spielball.

Abb. 18: Poolbillardbälle

Queue

Jede Person, die trainiert oder zumindest einmal pro Woche Billard spielt, sollte ihr eigenes Queue besitzen. Es werden zwar in den Billardlokalen auch Queues zum unentgeltlichen Ausborgen angeboten, aber diese sind von minderer Qualität und meist in sehr schlechtem Zustand. Die Standardlänge eines Poolbillardqueues für Erwachsene beträgt zwischen 1,40 und 1,50 Meter und das Gewicht liegt zwischen 17 und 21 Unzen, das entspricht ca. 480 bis 600 Gramm. Die Preise für Einstiegsmodelle betragen um die 30 Euro, wohingegen die Modelle für fortgeschrittene Spielerinnen und Spieler auch weit über die 1000 Euro Grenze hinausgehen können. Fast alle Queues, die von Spielern erworben werden, sind aus Transportgründen mindestens zweiteilig, wobei die Queues, die man in den Lokalen ausborgen kann, fast immer einteilig sind. Unterschieden wird das Vorderteil, mit dem man den Spielball stößt und das Hinterteil, das eine interne Gewichtsschraube besitzt, die für das Spielverhalten maßgebend ist. Ebenso enthält das Hinterteil meist einen Bereich in dem das Queue gehalten wird, welcher, um den Griff zu verbessern, meist mit einem Leinenfaden umwickelt ist. Da das Hinterteil auch gleichzeitig eine optische Rolle spielt, weil zum Beispiel filigrane Einlegearbeiten aus Perlmutt, oder anderen kostbaren, seltenen Materialien eingearbeitet sein können, gehen hierbei die Preise stark auseinander. So können zwei Queues von der gleichen Produktionsfirma, die einen extremen Preisunterschied aufweisen, dennoch mit einem gleichwertigen Vorderteil, welches für die Spielqualität sorgt, ausgestattet sein. Abb. 19 zeigt das zweiteilige Queue des Verfassers, das zum Spielen benutzt wird und als Präzisionswerkzeug dient.

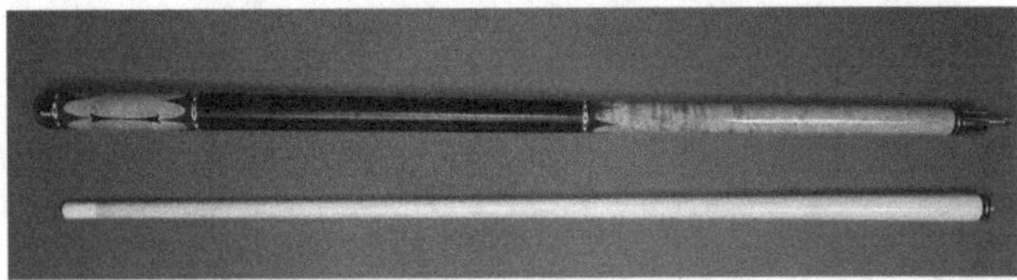

Abb. 19: Bear Spielqueue

Dadurch, dass beim Billardspielen auch oft Stöße durchgeführt werden, bei denen extreme Kräfte auf das Vorderteil wirken, die dafür sorgen, dass es sich verbiegt und sich nicht mehr in die gerade Form zurückbewegt, gibt es ein weiteres Queue, das diesen Anforderungen gewachsen ist. Abb. 20 zeigt das dreiteilige Queue des Verfassers, das für Anstöße und Sprungbälle benutzt wird. Dieses Queue besitzt ein wesentlich härteres Vorderteil als das Spielqueue und kann am Hinterteil nochmals auseinandergenommen werden, um ein mittellanges Queue, das sich zum Springen besser eignet, zu erhalten.

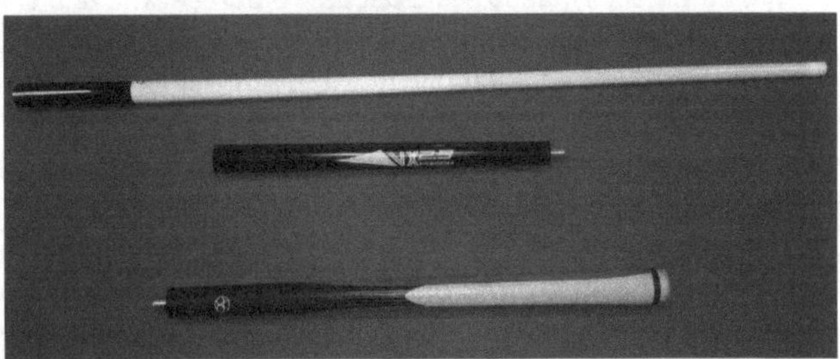

Abb. 20: Poison VX 2.9 Break- & Jump-Queue

3.2.3 Poolbillardtraining für den Wettkampf

Nachdem die Ausrüstung, die man benötigt, um Poolbillard zu spielen vorgestellt wurde, gehen wir nun zur richtigen Anwendung dieser Ausrüstungsgegenstände über.

Billard ist eine Sportart, bei der es auf körperliche und geistige Fitness ankommt um dauerhaft Spitzenleistungen zu bringen. Eine Trainingseinheit dauert 90 Minuten und beginnt mit dem Aufwärmen und dem Dehnen der Muskulatur. Dann erfolgt das Einspielen, bei dem ein paar Stöße gespielt werden, um das Gefühl für das Spielen, den Tisch und die Bälle zu bekommen. Wenn das Einspielen beendet ist, folgt darauf ein intensiver Trainingsteil, bei dem es darum geht, die richtige Stellung des Körpers und die richtigen Bewegungen beim Stoß zu trainieren. Es werden dabei verschiedene Übungen mit unterschiedlichen Zielen durchgeführt, die aber immer den grundsoliden Stand und die perfekte Stoßbewegung zur Basis haben. Abschließend werden unter den Trainierenden kleine Spielchen durchgeführt, um das Gelernte umzusetzen und um nach dem intensiven Trainingsteil einen lockeren Abschluss zu finden.

Das Training dient grundsätzlich dazu, die Bewegungen und die einzelnen Schritte einer guten Stoßvorbereitung in das sogenannte Muskelgedächtnis einzuspeichern. Das Muskelgedächtnis, auch besser bekannt unter dem Begriff „motorisches Lernen", zielt darauf ab, immer wieder die gleiche, richtige Bewegung durchzuführen. Führt man diese Bewegungen über einen langen Zeitraum durch, so bildet sich ein Langzeitmuskelgedächtnis, das dem Trainierenden hilft, sich nicht mehr auf die richtige Bewegung konzentrieren zu müssen (Hanson, n.d.). Dieser Umstand wird am besten damit erklärt, dass kein gesunder Mensch im Jugendlichen- oder Erwachsenenalter mehr darüber nachdenken muss, wie man sich zum Beispiel zu Fuß fortbewegt. Die Bewegungen, die man beim Gehen macht, wurden bereits so oft durchgeführt, dass das Muskelgedächtnis diese voll und ganz gespeichert hat.

Das ist der Grund, warum man auch im Poolbillard die Bewegungen richtig lernen sollte, um sie dann ohne darüber nachdenken zu müssen, einsetzen zu können. Darunter fällt eine gute Stoßvorbereitung, zu der das Hinstellen und die Stoßbewegung, aber auch das richtige Greifen des Queues oder die richtige Lage der Hand, die das Queue vorne stabilisiert, gehört. Mit einem erfolgreichen Training kann sich dann die Spielerin oder der Spieler auf andere wichtige Sachen im Spiel konzentrieren und auch auf seine „richtigen" Bewegungsabläufe in Extremsituationen zurückgreifen.

3.2.4 Bewegungsabläufe im Poolbillard

Wie bereits zuvor erklärt, ist ein richtiges Hinstellen zum Stoß und ein richtiger Bewegungsablauf das Um und Auf im Billardsport. Da schon ein paar Millimeter Abweichung am Treffpunkt des Weißen Balles dazu führen können, dass man das anvisierte Ziel nicht trifft, ist es sehr wichtig, dass die Stoßvorbereitung und der Stoßvorgang zur

Gewohnheit werden. Bei der Stoßvorbereitung werden folgende Schritte durchgeführt:

1. Sich in die geplante Laufrichtung des Objektballs stellen
2. Den Punkt merken auf dem der weiße Ball auftreffen soll
3. Von dem weißen Ball bis zu dem gemerkten Punkt eine gedachte Linie ziehen
4. Das Queue gedanklich an dieser Linie ausrichten und sich passend dazu hinstellen
5. Das Queue schwingen und danach den weißen Ball stoßen

Interessant wird es für die Studie bei den Punkten 4 und 5, da hier die Bewegungsabläufe stattfinden, die kontrolliert werden können. Das richtige Hinstellen zu üben bedeutet, dass man die Basis für einen geraden Stoß aufbaut.

Abb. 21 zeigt, dass der Objektball, der Spielball, die Bockhand (auf der das Queue geführt wird), das dominante Auge, die Schulter, der Oberarm, das Handgelenk der Schwunghand und das Queue bei einem geraden Stoß in einer Linie sind.

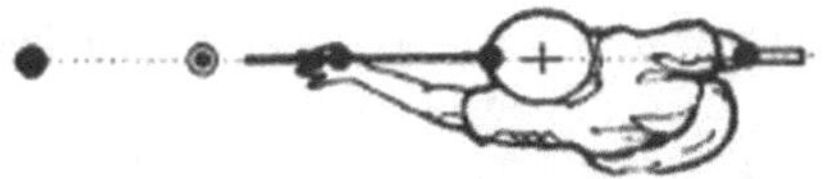

Abb. 21: Korrekte Haltung Ansicht von Oben (Billiard Congress of America, 1992)

In der Seitenansicht in Abb. 22 sieht man, dass der Ellbogen und der Unterarm bei der Stoßdurchführung eine zentrale Rolle spielen. Beim Auftreffen der Queuespitze am Spielball sollte der Unterarm und das Handgelenk einen 90° Winkel mit dem Boden, respektive dem Oberarm bilden (Eckert, 2006), da zu diesem Zeitpunkt das Queue annähernd parallel zum Tisch verläuft.

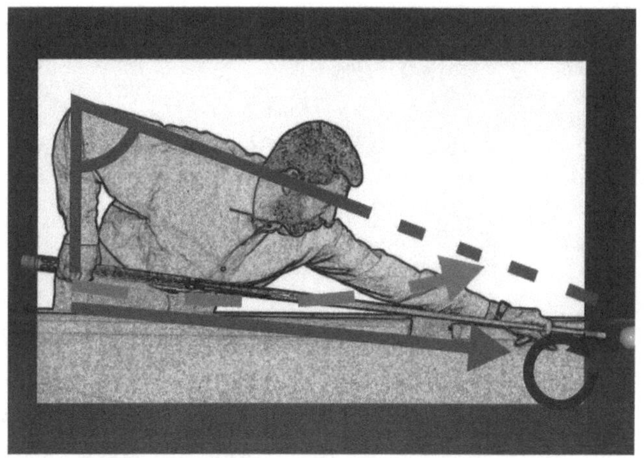

Abb. 22: Korrekte Haltung Seitenansicht (Alfieri & Sander, 2004)

Die Beinstellung sollte so stabil sein, dass der Spieler, egal welche Bewegung er mit dem Oberkörper oder den Händen ausführt, nicht ins Wanken gerät. Dazu sollte das Gewicht auf beiden Beinen gleichmäßig verteilt sein, um den Schwerpunkt des Körpers zentral zu halten (Mizerak, et al., 1996; Eckert, 2006; Huber, 2011). In Abb. 23 sieht man eine sehr gute Beinstellung für einen durchschnittlich großen Menschen. Ebenso sieht man in dieser Abbildung, dass der rechte Fuß auf der Stoßlinie platziert wird, um den Körper anhand des rechten Fußes am Queue auszurichten. Diese Aussagen gelten nur für Rechtshänder, bei einem Linkshänder muss man sich das ganze seitenverkehrt vorstellen. Dadurch dass nicht jeder Mensch die gleichen körperlichen Gegebenheiten besitzt, wird bei größeren Menschen der Abstand zwischen den Füßen breiter sein und bei kleineren schmäler.

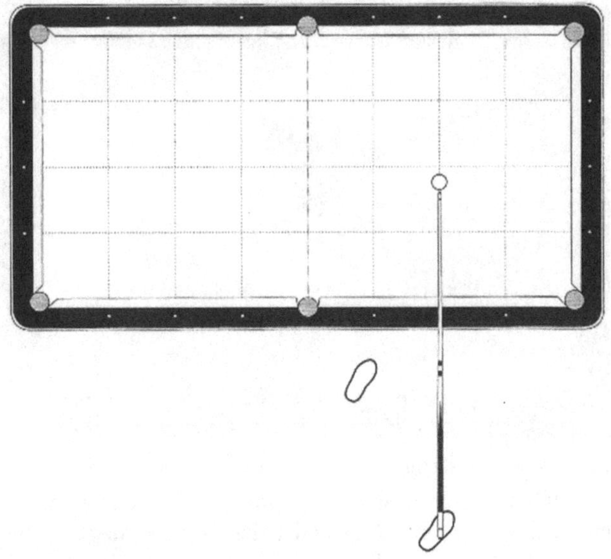

Abb. 23: Korrekter Stand Ansicht von Oben (Alfieri & Sander, 2004)

Mit dem Schwingen des Queues bereitet der Spieler den Stoß vor und ist die letzte Selbstkontrolle vor dem Stoß. Ein geübter Spieler erkennt nach langem Training, ob das Queue für das Auge in „gewohnten Bahnen“ läuft. Bei der Stoßbewegung können noch einige Fehler, wie zum Beispiel ein Verziehen des Unterarms oder des Handgelenks, oder Oberkörperbewegungen, die nicht stattfinden sollten, passieren. All diese oft unkontrollierten Bewegungen führen dazu, dass der Spielball schlecht getroffen wird und somit der Objektball meist nicht versenkt wird.

Abb. 24: Schwingen des Queues (Billardzentrum Düsseldorf, n.d.)

Alle diese Ausführungen in diesem Kapitel dienen nur einem Zweck, nämlich dem Treffen des Objektballs an der richtigen Stelle, um diesen entweder zu versenken oder Safe zu legen. Der Treffpunkt des Spielballes am Objektball ist je nach gewünschtem Abprallwinkel des Spielballes an verschiedenen Positionen des Objektballes, wobei der Auftreffpunkt immer nur ein paar Millimeter groß ist (Alfieri & Sander, 2005). Ein um einen Millimeter falscher Anspielpunkt des Spielballes kann sich auf zwei Meter Entfernung in ein paar Zentimeter falschem Treffpunkt am Objektball auswirken. Aus diesem Grund zählt Billard zu den schwierigsten Hand-Auge-Koordinationssportarten der Welt (Huber, 2011).

3.3 Anwendungsbereiche

Die zuvor erläuterten Bewegungen, vor allem der durchgeführte Stoß bedürfen einer ständigen Überwachung. Wenn ein Spieler wirklich ambitioniert und gut situiert ist, dann wird er sich einen Trainer leisten, der ihn beobachtet, beurteilt und berät. Da aber viele Spieler nur aus Spaß spielen und meistens keinen geeigneten Beobachter vor Ort haben, stellt sich die Frage, ob aus dem eShoe ein kostengünstiges Trainingsgerät für die ambitionierte Spielerin oder den ambitionierten Spieler entwickelt werden kann. Der Ansatz eine AAL-Lösung weiterzuentwickeln wird durch den Versuch, wirtschaftlich rentabel zu arbeiten, bereits gedeckt (vgl. Kapitel 2.4.1), wobei der Poolbillardsport durchaus als Freizeit- Sport- und Hobbybereich gesehen wird (vgl. Kapitel 2.6.5).

Der Anwendungsbereich eines solchen Trainingsgeräts beim Poolbillard kann weit gestreut sein. Eine ambitionierte Hobbyspielerin oder ein ambitionierter Hobbyspieler könnten durchaus Interesse an einem

Trainingsgerät, das einem vor allem in den Anfängen sehr gut unterstützen kann, zeigen. Vereinsspielerinnen und Vereinsspieler könnten sich auch gegenseitig unterstützen und das Trainingsgerät als zusätzliche Auswertung ihrer Trainingserfolge benutzen. Profispieler hingegen könnten die Bewegungsaufzeichnungen bis ins kleinste Detail analysieren, um kleine Probleme auszumerzen und ihren Stoß noch weiter zu perfektionieren.

3.3.1 Weitere potentielle Anwendungsbereiche des eShoe

Heutzutage wünscht sich jede Hobbysportlerin und jeder Hobbysportler egal in welcher Sportart eine elektronische Unterstützung. Der Trend geht immer mehr zur digitalen Überwachung der erbrachten Leistung. Es werden Tools und Applikationen teilweise am Mobiltelefon benutzt um Distanz, Kilometerzeit, Gesamtzeit und geschätzter Kalorienverbrauch nach dem sportlichen Ereignis zu analysieren. Das finanzielle Potential, das im Freizeit- Sport- und Hobbybereich besteht ist enorm und steigt weiterhin (vgl. Kapitel 1.1). Von der Firma CEIT RALTEC bereits umgesetzte Studien, die auf dem eShoe basieren, betreffen den Laufsport und den Golfsport. Bei der Studie im Laufsport wird mit der Basis des eShoe gearbeitet und die Daten ausgewertet. Bei der Fallstudie mit den Golfspielern wurde der eShoe als Basis benutzt und zusätzliche Sensortechnik verbaut, die den Abschlag beim Golf genau aufzeichnen soll (Hieger, 2014).

Fallstudie mit Golfspielern

Hierbei handelte es sich um eine Machbarkeitsstudie, bei der untersucht wurde, ob der eShoe und in Kombination mit diesem eine abgespeckte eShoe Technik in einem Golfhandschuh ausreichend Daten liefern, um die Bewegung beim Abschlag zu analysieren. Im Golfhandschuh wurden alle Komponenten bis auf die Drucksensoren eingebaut, um bei der Schlagbewegung explizit die Schläger- und Handbewegungen mit aufzuzeichnen. Somit konnte mit einer gleichzeitigen Videoanalyse die vollständige Abschlagbewegung aufgezeichnet, analysiert und mit der Videoaufzeichnung verglichen werden.

Das Endergebnis war, dass man mit Hilfe der erweiterten eShoe Technik die vollständige Abschlagbewegung aufzeichnen kann und diese sich mit dem Videomaterial vollkommen deckt (Hieger, 2014).

3.3.2 Auswahlgründe für Poolbillard

Poolbillard spielt im Leben des Verfassers eine große Rolle, da er sich mit diesem Thema schon seit mehr als 20 Jahren beschäftigt. Er ist 1994 einem Verein beigetreten und hat seitdem jedes Jahr eine Spielerlizenz, die eine Person berechtigt, an Turnieren des Verbandes teilzunehmen, gelöst. Das Training fiel früher noch bescheiden aus und wurde meist von Fernsehübertragungen, oder dem Zusehen bei guten Spielern beeinflusst. Die Umsetzung des Gesehen war dementsprechend fehleranfällig und ineffektiv. Aus diesem Grund wurde ein Topspieler aus dem eigenen Verein, der schon Trainingserfahrung besaß und in der zweithöchsten Leistungsstufe in Österreich spielte, engagiert. Dieses Training verhalf dem Verfasser zu den ersten Einblicken in die Trainingslehre und einem besseren Spiel. Einige Jahre später erhielt der Verfasser das Angebot, den ersten Schritt zum Billardtrainer zu machen und nahm dieses auch dankend an. Diese Ausbildung, die vom österreichischen Poolbillardverband aus organisiert wurde und zum Führen des Titels Pool-Billard-Übungsleiter berechtigt, wurde Anfang 2012 erfolgreich abgeschlossen. Seit dieser Zeit trainiert der Verfasser die Jugend eines befreundeten Vereins und hat damit große Erfahrung im Anfänger- und Jugendtraining gesammelt. Ebenso wurden seine Kollegen, mit denen er Mannschaftsmeisterschaft spielt, von ihm gecoacht, was ihm auch Erfahrung im Erwachsenentraining einbrachte.

Der nächste Schritt, den sich der Verfasser vorgenommen hat, ist die dreistufige Trainerausbildung im Bereich Poolbillard, die vom Staat Österreich, genauer gesagt, der Bundesportakademie angeboten wird. Die erste Stufe wird Instruktor genannt und endet nach einem dreisemestrigen Kurs, der über ein Jahr verteilt ist, mit einer umfangreichen theoretischen und praktischen Prüfung.

Da der Verfasser langjährige Erfahrung im Trainingsbereich hat und sich Aufgrund dieser eine technische Unterstützung für das Anfängertraining wünscht, wurde die Firma CEIT RALTEC, die ihm schon beruflich aus dem eHealth Bereich bekannt war, wegen ihres eShoe kontaktiert.

Die Idee wurde gut aufgenommen und der Verfasser wurde damit beauftragt eine Konzeptstudie in diesem Bereich durchzuführen, da auch das wirtschaftliche Potential einer Weiterentwicklung des eShoe vorhanden ist (Hieger, 2014).

4 Empirisch-praktischer Teil

4.1 Vorstellung des Grundkonzepts Straight Stroke Coach

Die Idee ist es, nun eine elektronische Unterstützung für die Bewegungsabläufe und die grundsätzliche Haltung beim Billardspielen zu erhalten. Der gerade Stoß, der so extrem wichtig für die richtigen Treffpunkte ist, leiht diesem Konzept den Namen „Straight Stroke Coach“, was so viel bedeutet wie „Trainer für einen geraden Stoß“.

Der eShoe als Basis könnte die Gewichtsverteilung auf beide Füße überwachen und eventuelle Bewegungen der Beine oder Füße während des Stoßes, die nicht erwünscht sind, rückmelden. Für den Oberkörper und die oberen Extremitäten wurden potentielle Sensorpositionen zur Positionsbestimmung und zur Bewegungsaufzeichnung markiert, um einen Überblick zu bekommen, welche Sensoren für einen geraden Stoß interessant wären. Abb. 25 zeigt die zuvor genannten Markierungen, die von oben gesehen alle auf einer Linie sein sollten um die Grundvoraussetzung für einen geraden Stoß zu erhalten.

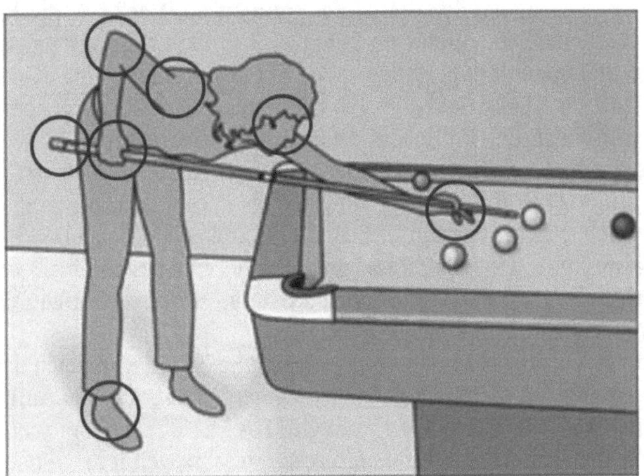

Abb. 25: Mögliche Sensorpositionen (modifiziert übernommen von Wall & Crimi, 2004)

4.2 Interviewserie zur Konzeptgestaltung

Da die Studie unter keinerlei Einschränkungen erstellt werden soll, werden für die ersten Befragungen alle Punkte, wie das Training eines geraden Stoßes unterstützt werden könnten, offengelassen. Der erste Schritt in diese Richtung wurde mit einem leitfadengesteuerten

Interview durchgeführt bei dem eine ausgewählte Anzahl an Wiener Spitzenspielerinnen und -spielern zum Thema Training des geraden Stoßes befragt wurden. Bei diesem Interview wurde die sogenannte Multimethodologie (Johnson, et al., 2007) angewandt, bei der innerhalb einer Datenerhebung sowohl qualitative, als auch quantitative Daten erzeugt werden. Die Interviewserie, welche in Hieger (2014) zu sehen ist, dient zur Unterstützung des Konzepts und ist in Bezug auf die qualitativen Elemente konzeptgenerierend zu sehen.

4.2.1 Erstellung des Leitfadens

Der Leitfaden wurde so erstellt, dass er aus qualitativen wie auch quantitativen Elementen besteht. Der qualitative Teil soll neue Erkenntnisse bringen und die Möglichkeiten eines Einsatzes des Straight Stroke Coach nicht von vorne weg einschränken, während der quantitative Teil Aufschlüsse darüber geben soll, ob die Idee einer elektronischen Trainingsunterstützung unter den Poolbillardspielerinnen und -spielern tendenziell angenommen wird. Falls nach der Auswertung des Leitfadens eine negative „Go-No-Go" Entscheidung getroffen wird, würde die darauf aufbauende großräumige quantitative Befragung nicht mehr benötigt.

Der Leitfaden beginnt mit Fragen (Frage 1-2) zum Geschlecht und zum Alter der befragten Person um eine demografische Zuordnung durchführen zu können.

Bei der nächsten Fragengruppe (Frage 3-5) wird das Trainingsverhalten der befragten Person ermittelt. Dies dient dazu, um die Trainingshäufigkeit und die Jahre des Trainings besser mit den folgenden Antworten zu verknüpfen.

Die erste qualitative Frage (Frage 6) zielt darauf ab, die persönlichen Empfindungen und Trainingsmethoden der befragten Person zu erfahren.

Es wurde auch eine Grafik in den Leitfaden eingebaut, die bei Frage 7 erheben soll, welche Teile des Körpers für die befragte Person, für den geraden Stoß wichtig sind. Dadurch, dass nichts außer einer Grafik (Abb. 26) einer Billardspielerin vorgegeben ist, soll diese Frage weitere Aufschlüsse in Bezug auf angewandtes Trainingswissen der befragten Person geben.

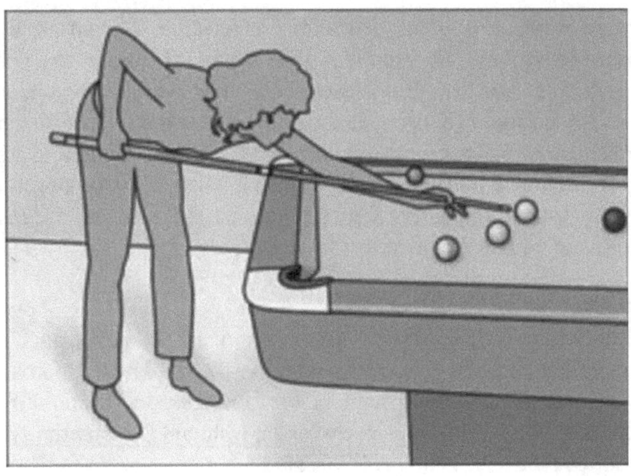

Abb. 26: Seitenansicht des richtigen Stands im Poolbillard (Wall & Crimi, 2004)

Mit Frage 8 wird weiteres Trainingswissen in Bezug auf den komfortablen Stand abgefragt. Der Hintergrund dieser Frage ist bereits der mögliche Einsatz des eShoe für die Messung der Gewichtsverteilung auf beide Füße.

Bei der nächsten Fragengruppe (Frage 9-10) wird quantitativ, wie auch qualitativ der Einsatz von Sensoren für die Überprüfung des korrekten Standes, wie auch des Bewegungsablaufes erfragt. Die erste „Go-No-Go" Entscheidung wird bei dieser Frage gefällt, da eine Tendenz zu „nein" das Konzept ad absurdum führen würde. Explizit wird bei Frage 10 der mögliche Einsatz von Sensoren zur Überprüfung der Körperstellung in qualitativer Weise hinterfragt um keine Einschränkungen von vorne weg zu erhalten.

Die Fragen 11 bis 14 dienen zur Erhebung der gewünschten Anwendung und Konfiguration des Trainingssystems, was weitere Aufschlüsse über die mögliche Ausfertigung eines solchen Systems bringen soll.

Die letzte Frage (Frage 15) ist ebenfalls in die erweiterte Kategorie „Go-No-Go" Entscheidung einzureihen, da die möglichen Produktionskosten bereits hier die Bereitwilligkeit das System zu finanzieren übertreffen könnten.

Aus Gründen der Qualitätssicherung wurde der Leitfaden vor den Interviews einem Pretest (Raithel, 2006) unterzogen und geringfügig modifiziert. Zur Übersichtlichkeit wird eine vereinfachte Version des Leitfadens in Abb. 27 dargestellt.

1) Geschlecht
☐weiblich ☐männlich
2) Alter
☐0-18 ☐19-39 ☐40+
3) Seit wie vielen Jahren trainierst du Billard?
☐ 0-2 ☐ 3-5 ☐ 6+
4) Wie oft trainierst du in der Woche?
☐ 1-2 ☐3-4 ☐ 5+
5) Wie viele Male in der Woche trainierst du den geraden Stoß?
☐ 1-2 ☐3-4 ☐ 5+
6) Welche Faktoren sind bei diesem Training besonders wichtig?
____
7) Zeichne die Punkte die deiner Meinung nach für einen geraden Stoß wichtig sind auf der Skizze ein (Abbildung 1).
8) Wie wichtig ist deiner Meinung nach für den geraden Stoß die Gewichtsverteilung auf beide Füße?
☐sehr wichtig ☐eher wichtig ☐eher nicht wichtig ☐gar nicht wichtig
9) Würdest du ein spezielles Trainingsgerät (Sensoren, die die Körperstellung rückmelden) für die Perfektionierung des geraden Stoßes verwenden?
☐ja ☐eher ja ☐eher nein ☐nein
10) Wie sollte die Überprüfung der Körperstellung für den geraden Stoß deiner Meinung nach durchgeführt werden?
____
11) Würdest du das Gerät z.B. integriert in ein Langarm-T-Shirt anziehen wollen oder lieber flexibel an deinem Körper anbringen?
☐anziehen ☐am Körper anbringen
12) Würdest du wenn nötig die Sensoren auch an deinem Queue bzw. am Tisch anbringen?
☐ja ☐nein
   a. Wenn nein: warum nicht?
____
13) Wie viel Zeit würdest du maximal mit dem Anlegen und Konfigurieren eines solchen Gerätes verbringen?
☐plug and play ☐2-5 Minuten ☐6-10 Minuten
14) Würdest du gerne sofort Feedback bekommen oder erst den Stoß aufzeichnen und dann analysieren oder beides?
☐sofort ☐aufzeichnen ☐sowohl als auch
15) Wie viel dürfte ein derartiges System maximal für dich kosten?
☐0-99 ☐100-199 ☐200-399 ☐400-

Abb. 27: Vereinfachte Darstellung des Leitfadens

4.2.2 Erhebung zur Konzeptgestaltung

Die Erhebung des Leitfadens fand im Rahmen einer 8-Ball Landesmeisterschaft in Wien statt, da sich traditionell zu Landesmeisterschaften immer alle Topspielerinnen und Topspieler einfinden. Befragt wurden sechs der anwesenden Spielerinnen und Spieler, von denen der Verfasser wusste, dass sie regelmäßig trainieren und dem Billardsport sehr begeistert gegenüberstehen. Diese Faktoren waren ein Entscheidungskriterium vor der Befragung, da Spielerinnen und Spieler, die nicht trainieren, keine aussagekräftigen Daten für die Erstellung des Konzepts liefern können. Unter den befragten Personen befanden sich mehrfache Turniersiegerinnen und Turniersieger, sowie Landesmeisterinnen und Landesmeister und auch Staatsmeisterinnen.

Die Interviews wurden über den Turniertag verteilt geführt, dauerten zwischen sechs und zwölf Minuten, wurden zur besseren Auswertbarkeit aufgezeichnet und fließen anonymisiert in die Datenerhebung ein.

4.2.3 Auswertung und Analyse zur Konzeptgestaltung

Die für die Auswertung verwendeten Daten stammen zu 100% aus den sechs Befragungen (n=6), die über den Turniertag verteilt erstellt wurden. Alle sechs Personen sind lizenzierte Poolbillardspielerinnen oder Poolbillardspieler, die über jahrelange Erfahrung in diesem Sport zurückgreifen können.

Frage 1: Geschlecht

Zwei von den sechs befragten Personen sind weiblich, wobei dieses Verhältnis auf alle Wiener lizenzierten Spielerinnen und Spieler nicht zutrifft. Im Wiener Poolbillardverband stehen 10 Damen 97 Herren gegenüber, wobei sich die Quote auf im Österreichischen Poolbillardverband mit 88 Damen zu 976 Herren ähnlich verhält (ÖPBV, n.d.). Dadurch, dass im Damenbereich auch eigene Damenturniere stattfinden und die Konkurrenz geringer ist als in der allgemeinen Klasse, gibt es hier auch mehr Titelträgerinnen, was die Auswahl der befragten Personen wiederum rechtfertigt.

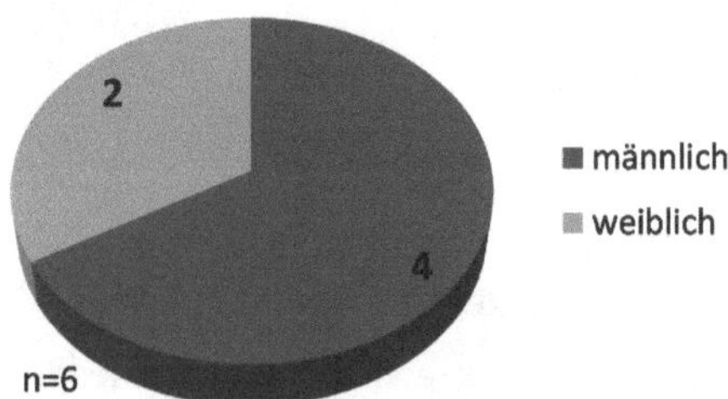

Abb. 28: Leitfaden Auswertung Frage 1

Frage 2: Alter

Die Altersaufteilung wurde in drei Gruppen gestaltet, da diese Gliederung im österreichischen Poolbillardverband durchgesetzt hat. Die Altersgruppe 0 bis 18 beinhaltet Knirpse, Schüler, Junioren und Mädchen. In der mittleren Altersgruppe von 19 bis 39 befinden sich die Damen und Herren und in der Klasse über 40 befinden sich die Senioren, wobei das Alterslimit schrittweise auf 50 Jahre angehoben wird. Bei den befragten Personen befinden sich vier in der Klasse der Damen und Herren und zwei in der Klasse der Senioren.

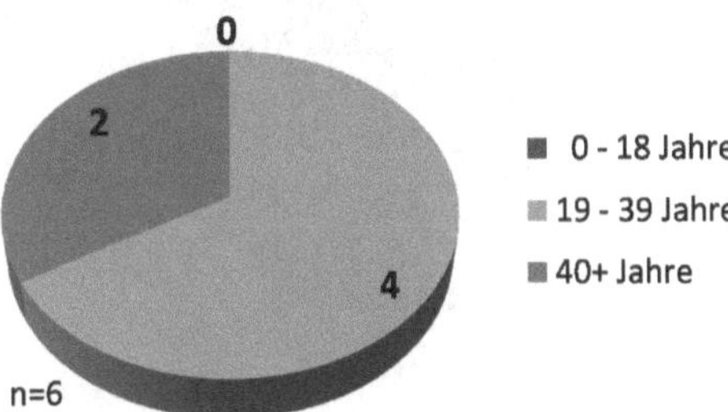

Abb. 29: Leitfaden Auswertung Frage 2

Frage 3: Seit wie vielen Jahren trainierst du Billard?

Die Frage zum Thema wie lange die befragte Person bereits im Billardsport trainiert, wurde von zwei Personen mit 3-5 Jahren und von vier Personen mit 6 oder über 6 Jahren beantwortet. Dies zeigt, dass alle Befragten durch ihr jahrelanges Training große Erfahrung mit ihrer eigenen Trainingsgestaltung aufweisen.

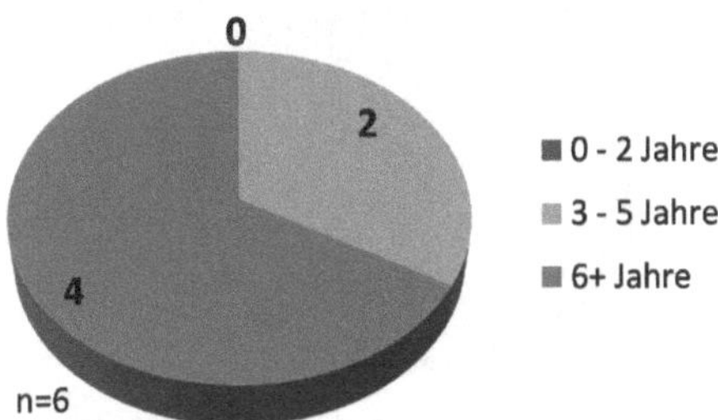

Abb. 30: Leitfaden Auswertung Frage 3

Frage 4: Wie oft trainierst du in der Woche?

Zu der Frage wie lange die befragte Person in Jahren bereits trainiert, wurde die Frage gestellt, wie oft das Training in der Woche stattfindet, um weitere Daten in Richtung Trainingshäufigkeit zu sammeln. Fünf der Befragten trainieren 1-2-mal pro Woche und eine Person trainiert 3-4-mal, was für eine Amateurspielerin oder einen Amateurspieler bereits sehr häufig ist.

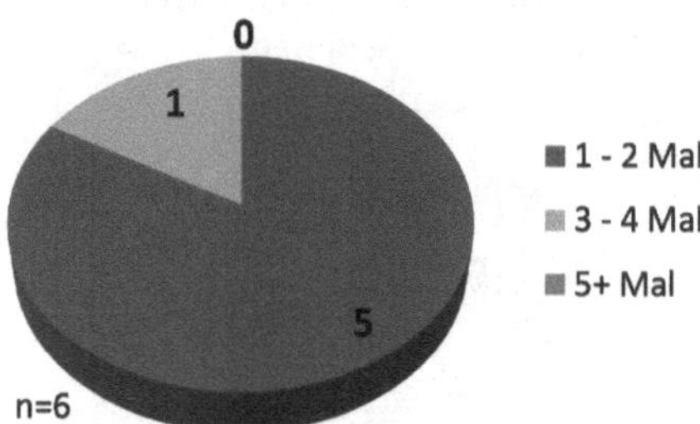

Abb. 31: Leitfaden Auswertung Frage 4

Frage 5: Wie viele Male in der Woche trainierst du den geraden Stoß?

Wenig überraschend ist, dass das Ergebnis auf die Frage, wie oft der gerade Stoß bei diesen Trainings trainiert wird, dasselbe Ergebnis bringt, wie bei der Trainingshäufigkeit in der Woche. Daraus kann geschlossen werden, dass für jeden durchgeführten Stoß ein gerader Stoß notwendig ist und auch unterbewusst der gerade Stoß trainiert wird.

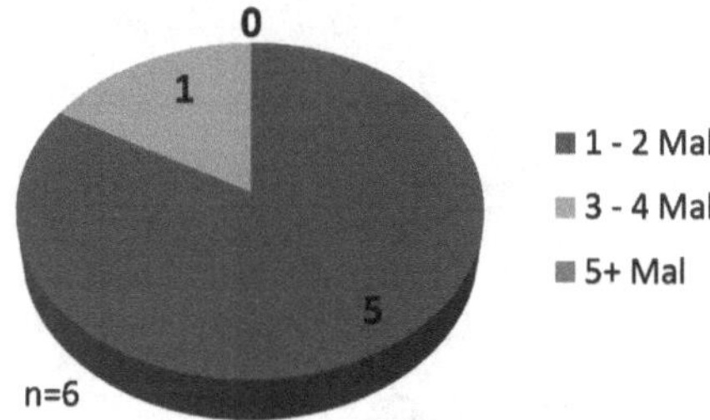

Abb. 32: Leitfaden Auswertung Frage 5

Frage 6: Welche Faktoren sind bei diesem Training besonders wichtig?

Die erste offene Frage zum Thema welche Faktoren für ein Training des geraden Stoßes wichtig sind ergab 14 Punkte, die zu Kategorien zusammengefasst wurden. Tabelle 5 zeigt die Originalantworten (Hieger, 2014), die aus den Leitfäden extrahiert wurden und die Kategorien die aufgrund dieser Originalantworten erstellt wurden. Wenn mehrmals die gleiche Antwort erhoben wurde, wird diese mit der Anzahl der Nennungen in Klammern vermerkt.

Originalantwort	zusammengefasst zu Kategorie
korrekter Stand (3)	korrekte Unterkörperposition
korrekter Bewegungsablauf korrekte Ausholbewegung Selbstkorrektur um Ball richtig zu treffen	korrekter Bewegungsablauf
Selbstkontrolle der Augenposition (2)	korrekte Kopfposition
in eine Flasche stoßen den 3rd Eye Stroke Trainer benutzen	Führungshilfe
korrekte Stoßvorbereitung	korrekte Stoßvorbereitung
Stellung Handgelenk	korrekte Schwungarmposition
von jemandem beobachtet werden	Fremdbeobachtung
sich selbst sehen (Spiegel)	Eigenbeobachtung (Spiegel)

Tabelle 5: Leitfaden Frage 6 Kategorisierung

Billardspieler sprechen sehr oft von korrektem Stand, wenn sie die korrekte Haltung meinen, diese Unschärfe wird mit der folgenden Kategorisierung ausgeglichen. Die Unterkategorien korrekte Unterkörperposition, korrekte Kopfposition und korrekte Schwungarmposition werden abermals zu einer Kategorie zusammengefasst, die korrekter Stand als Überbegriff für Oberkörper- und Unterkörperposition genannt wird. Nachdem der korrekte Stand aber auch als richtige Technik gilt, fließt die Kategorie korrekter Stand in die Überkategorie Technik ein wie in Tabelle 6 zu sehen ist.

Kategorie	Unterkategorie
Hilfsmittel	Eigenbeobachtung (Spiegel) Fremdbeobachtung Führungshilfe
Techniken	korrekter Stand
	korrekte Stoßvorbereitung korrekter Bewegungsablauf
korrekter Stand	Kopfposition Schwungarmposition Unterkörperposition

Tabelle 6: Finale Kategorisierung Frage 6

Frage 7: Zeichne die Punkte die deiner Meinung nach für einen geraden Stoß wichtig sind auf der Skizze ein

Die Antworten zur Frage 7 brachten 19 Punkte (Hieger, 2014) die von den befragten Personen auf der Grafik eingezeichnet wurden. Wenig überraschend wurden die Positionen genannt, die für einen geraden Stoß wichtig sind, wobei vier von sechs befragten Personen die Position der Füße, die Position des Handgelenks und die Position des dominanten Auges explizit genannt haben. Drei von sechs befragten Personen nannten den Schwungarm und die Bockhand und eine von sechs Personen ist der Meinung, dass die Position des Schultergelenks wichtig ist, wie in Abb. 33 zu sehen ist.

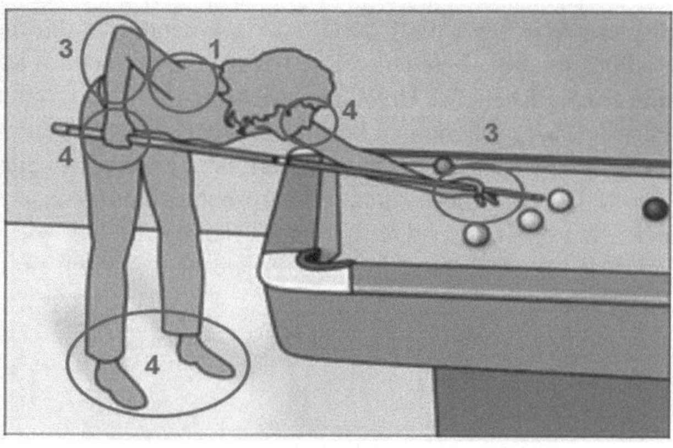

Abb. 33: Leitfaden Auswertung Frage 7

Frage 8: Wie wichtig ist deiner Meinung nach für den geraden Stoß die Gewichtsverteilung auf beide Füße?

Die Auswertung zu Frage 8, der gleichmäßigen Gewichtsverteilung auf beide Füße brachte das Ergebnis, dass nur eine befragte Person der Meinung ist, dass die gleichmäßige Gewichtsverteilung tendenziell nicht wichtig ist, wobei fünf befragte Personen der Meinung sind, dass sie tendenziell wichtig ist. Die gleichmäßige Gewichtsverteilung auf beide Füße könnte sehr gut vom eShoe überwacht werden.

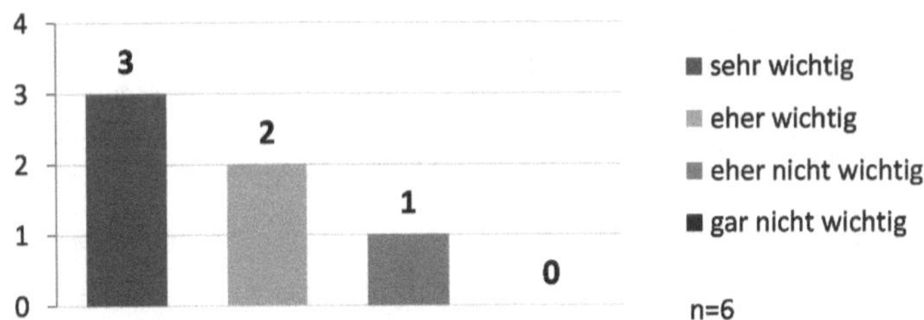

Abb. 34: Leitfaden Auswertung Frage 8

Frage 9: Würdest du ein spezielles Trainingsgerät (Sensoren, die die Körperstellung rückmelden) für die Perfektionierung des geraden Stoßes verwenden?

Bei Frage 9 wird die erste Go-No-Go Entscheidung getroffen, denn wenn die befragten Personen Sensortechnik ablehnen, würde die Konzeptstudie nicht mehr notwendig sein. Da fünf der sechs befragten Personen Sensortechnik einsetzen würden, gibt es bei dieser Frage eine eindeutige Go-Entscheidung.

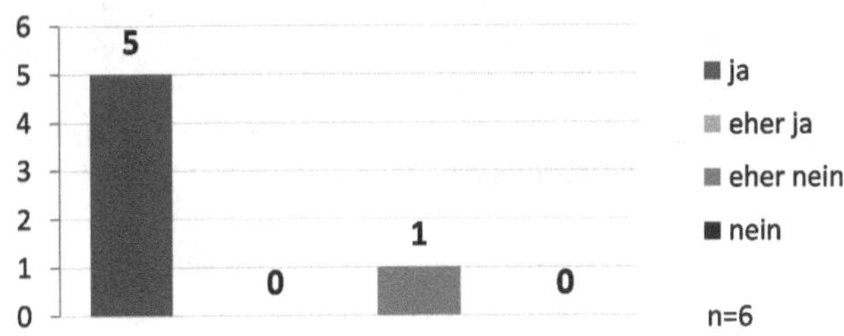

Abb. 35: Leitfaden Auswertung Frage 9

Frage 10: Wie sollte die Überprüfung der Körperstellung für den geraden Stoß deiner Meinung nach durchgeführt werden?

Frage 10, eine weitere offenen Frage zum Thema Überprüfung des geraden Stoßes, brachte 12 Punkte, die wieder ausgehend von den Originalantworten (Hieger, 2014) kategorisiert wurden, wie in Tabelle 7 zu sehen ist.

Originalantwort	zusammengefasst zu Kategorie
Sensor für Kopfposition Sensor für Handgelenk allgemein Sensoren Sensoren für Anfängertraining (2)	Sensoren
Videoaufzeichnungen mit imaginärem Spielerbild Videoauswertung mit Drahtmodell	Videoanalyse
durch zweiten Spieler beobachtet werden	Fremdbeobachtung
Selbstkontrolle Stand Selbstkontrolle Unterkörper	Stand
Selbstkontrolle Schwungarm	Schwungarm
Körpergefühl bei Fortgeschrittenen	Wahrnehmung

Tabelle 7: Leitfaden Frage 10 Kategorisierung

Auch hier wurden wieder zu Kategorie und Unterkategorie zusammengefasst, dass Stand, Schwungarm und Wahrnehmung zur Selbstkontrolle zu zählen sind, während Videoanalyse und Fremdbeobachtung zu optischem Feedback zählen und zu guter Letzt, die Kategorie Sensoren, die für die Erweiterung des eShoe am interessantesten sind. Die Kategorie Sensoren wurde unter Sensoren allgemein zusammengefasst, da es um die grundsätzliche Anwendung der Sensoren geht. Aus diesem Grund wurde zum Beispiel auf Sensoren für Anfängertraining keine Rücksicht genommen, da es egal ist, ob Anfängerinnen und Anfänger oder Fortgeschrittene damit trainieren.

Kategorie	Unterkategorie
Sensoren	Sensoren allgemein
optisches Feedback	Videoanalyse
	Fremdbeobachtung
Selbstkontrolle	Stand
	Schwungarm
	Wahrnehmung

Tabelle 8: Finale Kategorisierung Frage 10

Frage 11: Würdest du das Gerät z.B. integriert in ein Langarm-T-Shirt anziehen wollen oder lieber flexibel an deinem Körper anbringen?

Bei Frage 11, wie die Sensoren gerne benutzt werden würden, teilt sich die Meinung der sechs befragten Personen. Drei würden gerne die Sensoren in ein Textil integriert tragen, wohingegen die anderen drei die Sensoren lieber flexibel am Körper anbringen würden.

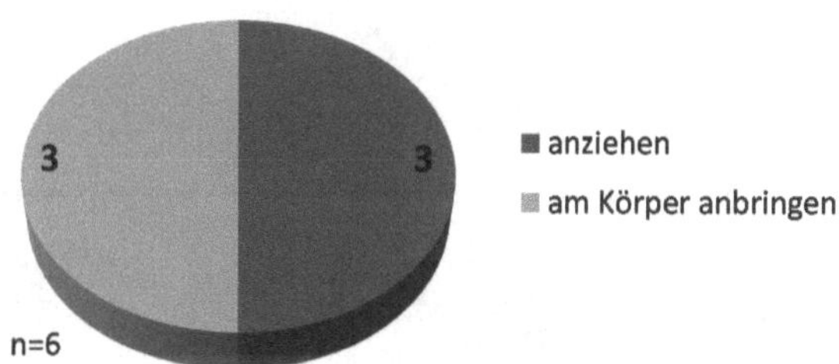

Abb. 36: Leitfaden Auswertung Frage 11

Frage 12: Würdest du, wenn nötig die Sensoren auch an deinem Queue bzw. am Tisch anbringen?

Die Auswertung der Frage 12, ob die befragten Personen die Sensoren auch am Queue oder am Tisch anbringen würden, fiel eindeutig positiv mit sechs von sechs Stimmen aus, was eine erweiterte Anwendung der Sensoren möglich macht. Die Auswertung der Frage 12a entfällt somit.

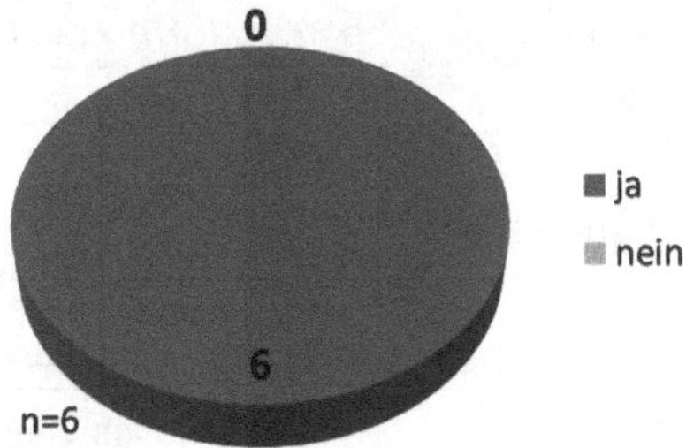

Abb. 37: Leitfaden Auswertung Frage 12

Frage 13: Wie viel Zeit würdest du maximal mit dem Anlegen und Konfigurieren eines solchen Gerätes verbringen?

Frage 13 ist eine weitere Frage zum Thema Anwendung des Systems im Training, die das Ergebnis brachte, dass sich von den sechs befragten Personen keine eine plug and play Anwendung wünscht, da in Erwartung eines optimalen Trainings gerne Zeit für die Konfiguration aufgewendet werden würde. Vier der befragten Personen würden die Konfiguration innerhalb von fünf Minuten abgeschlossen haben, wohingegen zwei Personen durchaus auch 10 Minuten investieren würden.

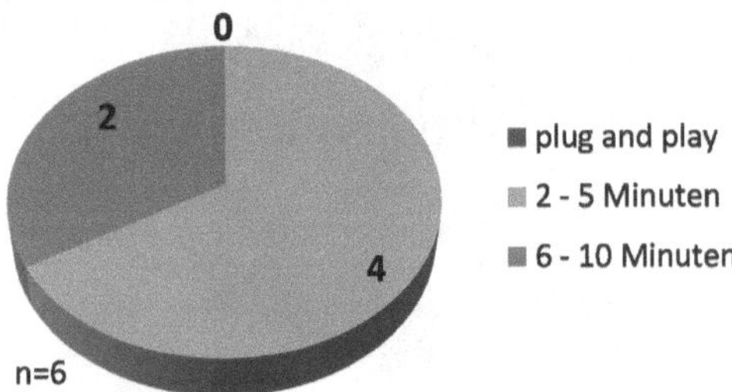

Abb. 38: Leitfaden Auswertung Frage 13

Frage 14: Würdest du gerne sofort Feedback bekommen oder erst den Stoß aufzeichnen und dann analysieren oder beides?

Die Ergebnisse der Frage 14, zum Thema Feedback der Anwendung fielen ebenfalls wie erwartet aus. Alle befragten Personen würden sich ein sofortiges Feedback des Systems wünschen, während vier von sechs auch gerne eine darauffolgende Analyse in Anspruch nehmen würden.

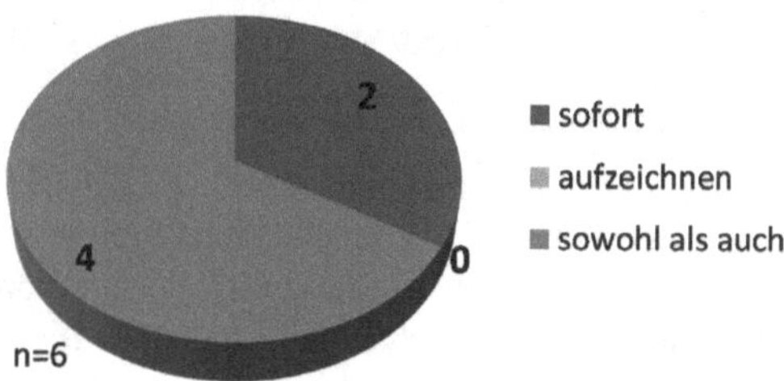

Abb. 39: Leitfaden Auswertung Frage 14

Frage 15: Wie viel dürfte ein derartiges System maximal für dich kosten?

Die abschließende Frage 15, die ebenfalls eine erweiterte Go-No-Go Frage ist, fiel überaschenderweise besser für die eventuellen Produktionskosten eines solchen Systems aus. Nur eine der sechs befragten Personen würde maximal 99€ für dieses Trainingssystem ausgeben, wobei vier Personen bis 199€ und eine bis zu 399€ ausgeben würden. Dadurch, dass man mit reduzierter und angepasster Sensorik und einer eventuellen Massenproduktion für ein Sohlenpaar des eShoe unter 100€ kommen kann (Hieger, 2014), gibt es auch hier eine Go-Entscheidung.

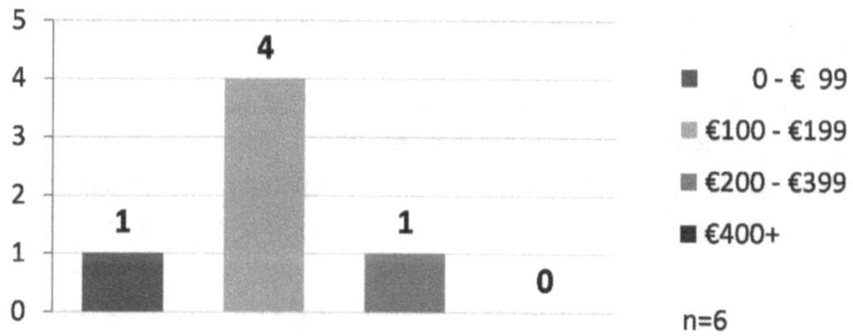

Abb. 40: Leitfaden Auswertung Frage 15

Nachdem alle Go-No-Go Entscheidungen mit einem eindeutigen Go beantwortet wurden, folgt nun die Optimierung des Konzepts.

4.3 Optimierung des Konzepts

Dadurch, dass das Konzept bereits sehr offen gestaltet wurde um keinerlei Einschränkungen zu erhalten, wird nur der Fragebogen mit den Inputs aus dem leitfadengesteuerten Interview erweitert. Die ausgewerteten offenen Fragen aus dem Leitfaden führen zu weiterverarbeiteten neuen Fragen im Fragebogen, was wiederum neue Möglichkeiten im

Konzept ergibt. Die exakten Änderungen zwischen leitfadengesteuertem Interview und dem Fragebogen werden in Kapitel 4.4.1 erläutert.

4.4 Quantitative Erhebung zur Konzeptspezifizierung

Nachdem die leitfadengesteuerten Interviews ausgewertet wurden wird nun im nächsten Schritt ein Fragebogen erstellt, mit dessen Hilfe die zuvor aufgestellten Hypothesen überprüft werden können und der für die Weiterführung des Konzepts maßgebend ist. Die quantitativen Daten aus dem Fragebogen werden ausgewertet und führen zu einer Empfehlung, ob und in welcher Form der eShoe weiterentwickelt werden sollte. Da der Fragebogen online zu Verfügung gestellt wurde und somit für alle Billardinteressierten zugänglich war, wurden einige Änderungen an den Fragen zur Trainingsgestaltung durchgeführt. Ebenso wurde auch der Fragebogen auf Englisch zu Verfügung gestellt (Hieger, 2014) um Billardinteressierte aus der ganzen Welt anzusprechen.

4.4.1 Erstellung des Fragebogens

Um eine breite Masse an Billardspielerinnen und Billardspielern zu erreichen wurde der Fragebogen aufbauend auf das leitfadengesteuerte Interview elektronisch mittels LimeSurvey erstellt. Der Fragebogen wurde in einer deutschen und in einer englischen Variante erstellt, da mit der englischen Variante wesentlich mehr Teilnehmerinnen und Teilnehmer an der Studie erreicht werden können. Die deutsche Variante wird hier im Kapitel gezeigt, während die englische Variante komplett in Hieger (2014) abgebildet ist. Erste offensichtliche Änderung ist, dass die demografischen Daten im Fragebogen an die letzte Seite gestellt wurden, wie auch in Häder (2010) beschrieben. Die technischen Möglichkeiten von LimeSurvey wurden ausgenutzt und Fragen nur dann angezeigt, wenn diese auch durch vorherige Antworten freigeschalten wurden. Wenn zum Beispiel die Teilnehmerin oder der Teilnehmer die Frage ob er Sensoren benutzen würde mit nein beantwortet, werden die Fragen zur Art der Benutzung nicht mehr gestellt.

Der Fragebogen ist in Gruppen gegliedert, die pro Gruppe auch eine Seite in Anspruch nimmt, wobei die Fragen nicht mehr wie ursprünglich durchnummeriert sind. Die Gruppen sind der Reihenfolge nach: Trainingsgewohnheiten, Faktoren für einen geraden Stoß, Einsatzmöglichkeiten der Sensoren und die Gruppe mit den demografischen Fragen.

Einleitung zum Fragebogen

Die Startseite des Onlinefragebogens mit der einleitenden Erklärung, worum es in diesem Fragebogen geht und wie die Daten verarbeitet werden, wird in Abb. 41 gezeigt. Dieser Teil soll die Teilnehmerinnen und Teilnehmer an der Studie darauf vorbereiten, in welchen Themengebieten ihre Meinung erfragt wird.

Abb. 41: Fragebogen SSC (deutsch) Startseite

Fragengruppe Trainingsgewohnheiten

Die erste Gruppe bleibt im Vergleich zum leitfadengesteuerten Interview fast unverändert. Dadurch, dass diesen Fragebogen von jeder billardbegeisterten Person beantwortet werden kann, wird die Option „0“ bei der Frage nach den wöchentlichen Trainings und der Frage zum geraden Stoß hinzugefügt wie in Abb. 42 zu sehen ist.

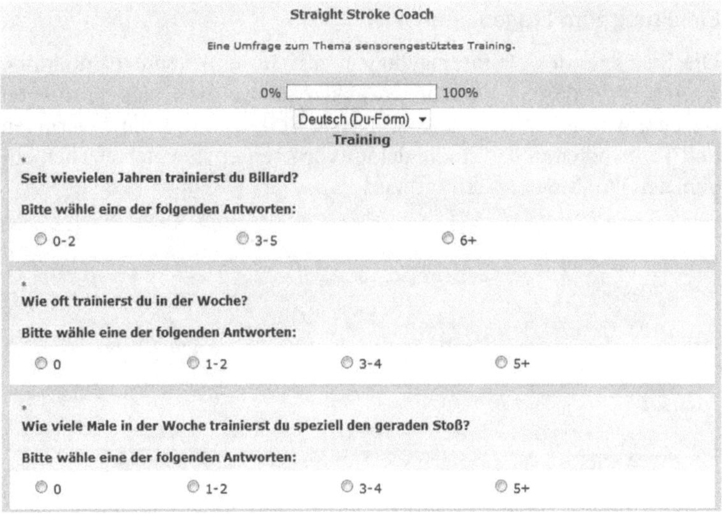

Straight Stroke Coach

Eine Umfrage zum Thema sensorengestütztes Training.

0% 100%

Deutsch (Du-Form)

Training

*

Seit wievielen Jahren trainierst du Billard?

Bitte wähle eine der folgenden Antworten:

0-2 3-5 6+

*

Wie oft trainierst du in der Woche?

Bitte wähle eine der folgenden Antworten:

0 1-2 3-4 5+

*

Wie viele Male in der Woche trainierst du speziell den geraden Stoß?

Bitte wähle eine der folgenden Antworten:

0 1-2 3-4 5+

Abb. 42: Fragebogen SSC (deutsch) Fragengruppe: Training

Fragengruppe Faktoren für einen geraden Stoß

Bei der Fragengruppe zu der Wichtigkeit der Faktoren für den geraden Stoß (s. Abb. 43) fließen die Erkenntnisse aus dem zuvor ausgewerteten Leitfaden ein. Die ersten drei Fragen werden allesamt aus den Erkenntnissen der Antworten aus der offenen Frage 6 des Leitfadens abgeleitet (s. Tabelle 6). Die erste Frage, zum Thema welche Punkte für einen geraden Stoß notwendig sind fragt die Kategorie „Technik“ ab, die aus den Unterkategorien „korrekter Stand“, „korrekte Stoßvorbereitung“ und „korrekter Bewegungsablauf“ bestehen.

Die Frage zum Thema, Wichtigkeit des korrekten Standes für die Durchführung eines geraden Stoßes betrachtet die Kategorie „korrekter Stand“, die aus den Unterkategorien „Position des Kopfes (dominantes Auge)“, der „Position des Schwungarmes“ und der „Position des Unterkörpers“ besteht. Wie in Kapitel 4.2.2 bereits erwähnt wird im deutschsprachigem Billardbereich korrekte Haltung und korrekter Stand sehr oft vermischt, aus diesem Grunde wird der korrekte Stand aus der ersten und der zweiten Frage dieser Gruppe in der englischen Version des Fragebogens mit dem englischen Wort „stance“ für „Haltung“ übersetzt (Hieger, 2014). Die ersten beiden Fragen sollen, ohne dass direkt darauf hingewiesen wird, Aufschluss geben, welche Bewegungen und Körperregionen überwacht werden sollten und sich deswegen für eine Sensorposition eignen würden.

Die Frage zum Thema, Einsatz von Hilfsmitteln um einen geraden Stoß zu trainieren, betrachtet die Kategorie „Hilfsmittel", die aus den Unterkategorien Eigenbeobachtung, Fremdbeobachtung und Führungshilfen besteht. Auch von dieser Fragestellung kann man die grundsätzliche Einstellung gegenüber Hilfsmitteln zur Durchführung des geraden Stoßes der Teilnehmerinnen und Teilnehmer ableiten. Wobei erwartet wird, dass die Fremdbeobachtung eine hohe Zustimmung bekommt, da man bei dieser auch gleich beraten werden kann, während bei der Eigenbeobachtung immer wieder die Frage im Raum steht, was mache ich falsch und wie sehr beeinflusst die Selbstbeobachtung, oder das Trainieren mithilfe von Führungshilfen das Spielverhalten der Trainierenden.

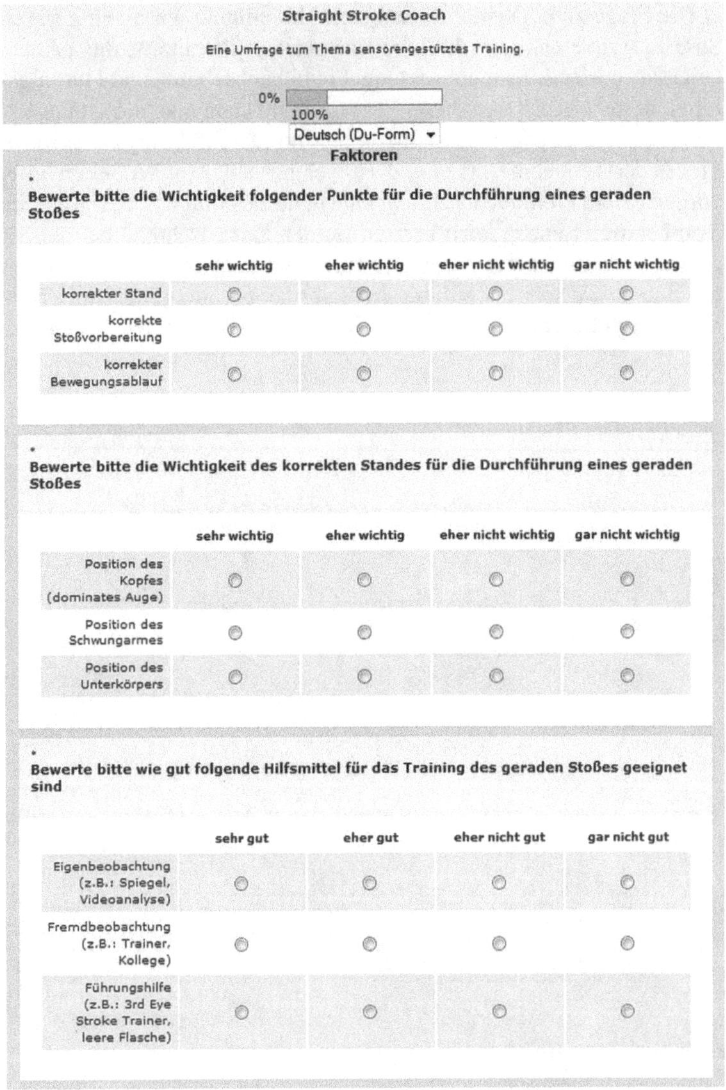

Straight Stroke Coach

Eine Umfrage zum Thema sensorengestütztes Training.

0% 100%

Deutsch (Du-Form)

Faktoren

Bewerte bitte die Wichtigkeit folgender Punkte für die Durchführung eines geraden Stoßes

	sehr wichtig	eher wichtig	eher nicht wichtig	gar nicht wichtig
korrekter Stand	○	○	○	○
korrekte Stoßvorbereitung	○	○	○	○
korrekter Bewegungsablauf	○	○	○	○

Bewerte bitte die Wichtigkeit des korrekten Standes für die Durchführung eines geraden Stoßes

	sehr wichtig	eher wichtig	eher nicht wichtig	gar nicht wichtig
Position des Kopfes (dominates Auge)	○	○	○	○
Position des Schwungarmes	○	○	○	○
Position des Unterkörpers	○	○	○	○

Bewerte bitte wie gut folgende Hilfsmittel für das Training des geraden Stoßes geeignet sind

	sehr gut	eher gut	eher nicht gut	gar nicht gut
Eigenbeobachtung (z.B.: Spiegel, Videoanalyse)	○	○	○	○
Fremdbeobachtung (z.B.: Trainer, Kollege)	○	○	○	○
Führungshilfe (z.B.: 3rd Eye Stroke Trainer, leere Flasche)	○	○	○	○

Abb. 43: Fragebogen SSC (deutsch) Fragengruppe: Faktoren 1 von 2

Die vierte und die fünfte Frage zum Thema Wichtigkeit der Faktoren für den geraden Stoß (s. Abb. 44) beziehen sich auf die Haltung und die gleichmäßige Gewichtsverteilung auf beide Beine. Während bei der vierten Frage, die aus den Ergebnissen der Frage 7 aus dem Leitfaden abgeleitet wird (s. Abb. 33), eine Reihenfolge der wichtigsten Punkte erstellt werden soll, wird bei der fünften Frage direkt die Wichtigkeit der Füße angesprochen. Diese Frage wurde auch direkt aus dem Leitfaden übernommen. Beide Fragen beziehen sich auf die Sinnhaftigkeit und die eventuelle Möglichkeit eines Einsatzes des eShoe für den Straight Stroke Coach.

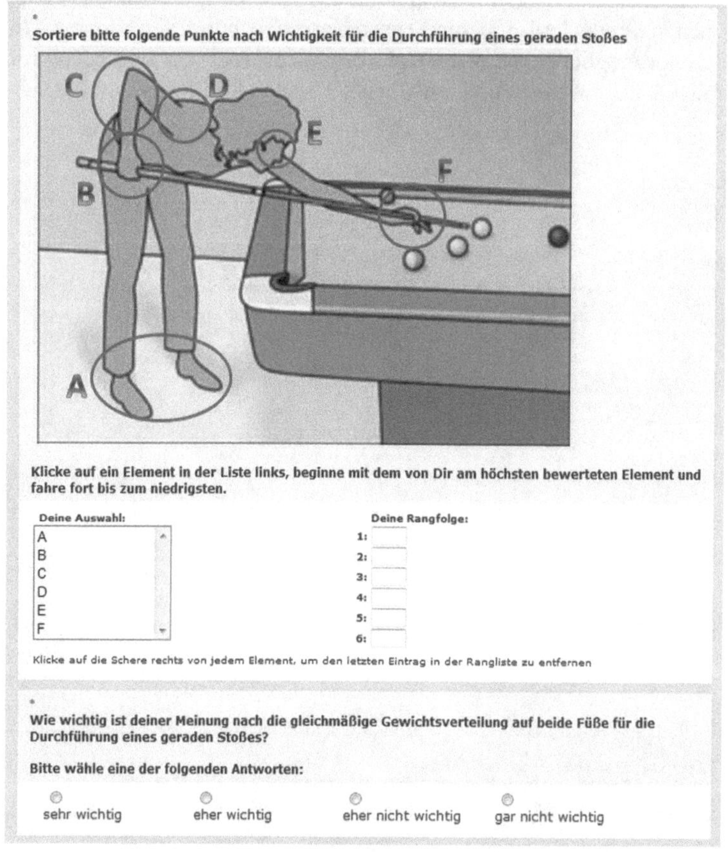

Abb. 44: Fragebogen SSC (deutsch) Fragengruppe: Faktoren 2 von 2

Fragengruppe Einsatzmöglichkeiten der Sensoren

Die dritte Fragengruppe zum Thema Einsatzmöglichkeit der Sensoren (s. Abb. 45) zielt darauf ab, ob nach Meinung der Teilnehmerinnen und

Teilnehmer Sensoren eine effiziente Trainingsunterstützung sein könnten und wenn ja, wie sie diese gerne einsetzen würden.

Die erste Frage leitet sich direkt aus den Ergebnissen zu Frage 10 des Leitfadens ab und lässt die teilnehmenden Personen eine Reihung der gewünschten Unterstützung erstellen. Zur Auswahl stehen die Kategorien, die in Tabelle 8 erarbeitet wurden.

Die nächste Frage dreht sich um die möglichen Positionen, an denen nach Meinung der Befragten Sensoren angebracht werden könnten. Die Antwortmöglichkeiten wurden aus den Ergebnissen des Leitfadens von Frage 7 übernommen und um Queue, Tisch und Bälle erweitert.

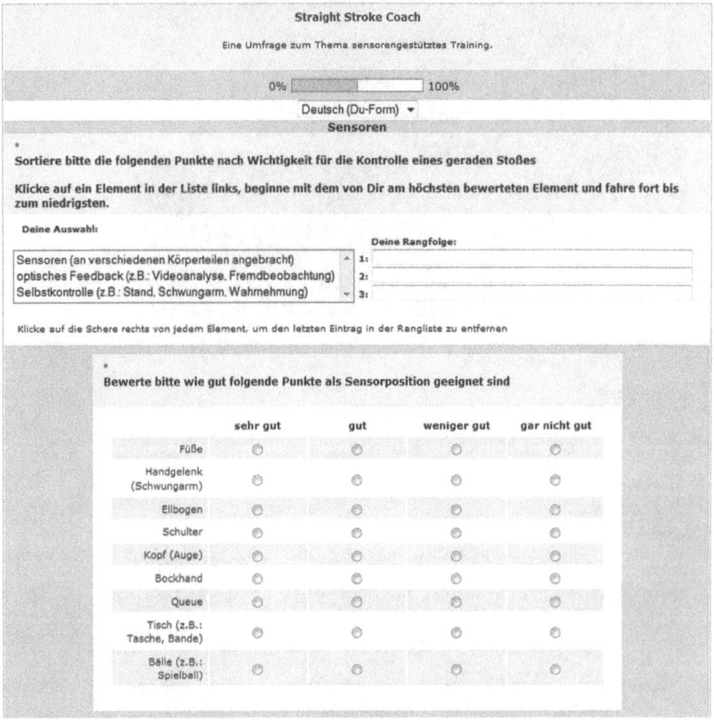

Straight Stroke Coach

Eine Umfrage zum Thema sensorengestütztes Training.

0% 100%

Deutsch (Du-Form)

Sensoren

*

Sortiere bitte die folgenden Punkte nach Wichtigkeit für die Kontrolle eines geraden Stoßes

Klicke auf ein Element in der Liste links, beginne mit dem von Dir am höchsten bewerteten Element und fahre fort bis zum niedrigsten.

Deine Auswahl:

Sensoren (an verschiedenen Körperteilen angebracht)
optisches Feedback (z.B.: Videoanalyse, Fremdbeobachtung)
Selbstkontrolle (z.B.: Stand, Schwungarm, Wahrnehmung)

Deine Rangfolge:

1:
2:
3:

Klicke auf die Schere rechts von jedem Element, um den letzten Eintrag in der Rangliste zu entfernen

*

Bewerte bitte wie gut folgende Punkte als Sensorposition geeignet sind

	sehr gut	gut	weniger gut	gar nicht gut
Füße	○	○	○	○
Handgelenk (Schwungarm)	○	○	○	○
Ellbogen	○	○	○	○
Schulter	○	○	○	○
Kopf (Auge)	○	○	○	○
Bockhand	○	○	○	○
Queue	○	○	○	○
Tisch (z.B.: Tasche, Bande)	○	○	○	○
Bälle (z.B.: Spielball)	○	○	○	○

Abb. 45: Fragebogen SSC (deutsch) Fragengruppe: Sensoren 1 von 3

Die nächste Frage ist eine Entscheidungsfrage, ob die Teilnehmerinnen und Teilnehmer ein Trainingssystem, das mit Sensoren arbeitet, benutzen würden. In Abb. 46 sieht man, dass wenn die Frage mit „ja“ oder mit „eher ja“ (s. (Hieger, 2014)) beantwortet wird, sämtliche Fragen, die der Benutzung des Systems gelten, sichtbar werden. Hauptgrund der

Frage ist naturgemäß, ob ein sensorgestütztes Trainingssystem benutzt werden würde, also eine Go-No-Go Entscheidungsfrage. Die Unterfragen dienen der möglichen Benutzbarkeit und Anwendbarkeit eines solchen Trainingssystems.

*
Würdest du ein spezielles Trainingssystem (Sensoren die deine Körperstellung rückmelden) für die Perfektionierung des geraden Stoßes verwenden?

Bitte wähle eine der folgenden Antworten:

◉ ja ○ eher ja ○ eher nein ○ nein

*
Wie würdest du die Sensoren lieber benutzen?

Bitte wähle eine der folgenden Antworten:

○ integriert in ein Langarm Shirt ○ flexibel am Körper anbringen

*
Würdest du wenn nötig die Sensoren auch an deinem Queue bzw. am Tisch anbringen?

○ Ja ○ Nein

*
Wie viel Zeit würdest du maximal mit dem Anlegen und konfigurieren eines solchen Geräts verbringen?

Bitte wähle eine der folgenden Antworten:

○ plug and play ○ 2-5 Minuten ○ 6-10 Minuten

Abb. 46: Fragebogen SSC (deutsch) Fragengruppe: Sensoren 2 von 3 inklusive drei Unterfragen bei positiver Antwort zur Verwendung von Sensoren

Falls die Frage zum Benutzen des sensorgestützten Trainingssystems mit „nein“ oder „eher nein“ (s. Hieger (2014)) beantwortet wird, wird eine Frage nach dem Grund der Ablehnung sichtbar (s. Abb. 47), deren Antworten weitere Aufschlüsse über die Ausgestaltung des Konzepts geben können.

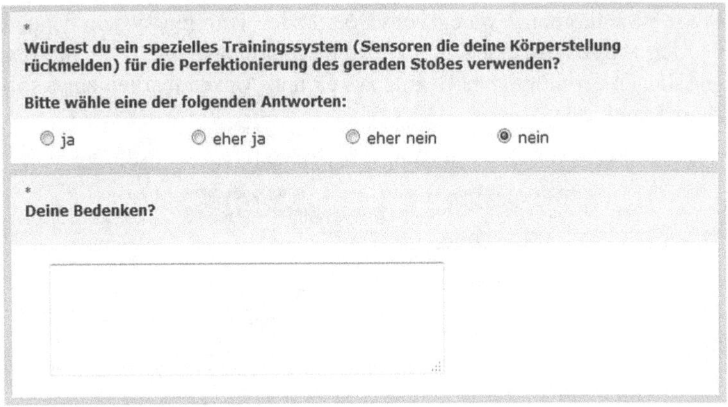

*
Würdest du ein spezielles Trainingssystem (Sensoren die deine Körperstellung rückmelden) für die Perfektionierung des geraden Stoßes verwenden?

Bitte wähle eine der folgenden Antworten:

○ ja ○ eher ja ○ eher nein ◉ nein

*
Deine Bedenken?

Abb. 47: Fragebogen SSC (deutsch) Fragengruppe: Sensoren 2 von 3 inklusive Unterfrage bei negativer Antwort zur Verwendung von Sensoren

Ebenso wird bei der Unterfrage, ob die teilnehmenden Personen die Sensoren auch am Tisch oder am Queue anbringen würden, bei einer Verneinung eine weitere Unterfrage sichtbar, und zwar nach dem Grund der Ablehnung dieser Möglichkeit. Die Antworten sollen ebenfalls weitere Aufschlüsse über die Ausgestaltung des Konzepts geben.

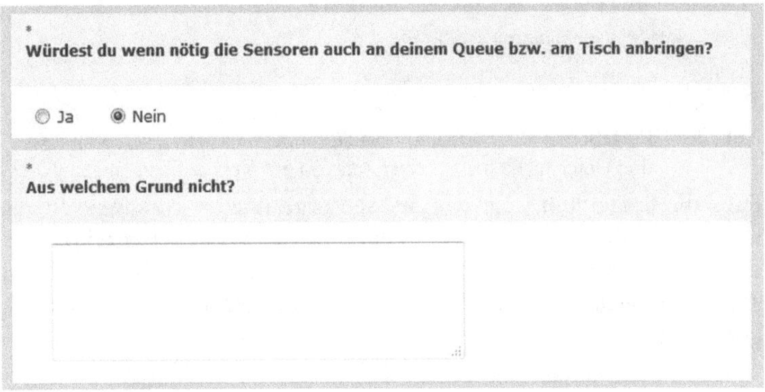

*
Würdest du wenn nötig die Sensoren auch an deinem Queue bzw. am Tisch anbringen?

○ Ja ◉ Nein

*
Aus welchem Grund nicht?

Abb. 48: Fragebogen SSC (deutsch) Fragengruppe: Frage 2 bei positiver Antwort zur Verwendung von Sensoren inklusive Unterfrage

Nach diesen Entscheidungsfragen kommt man zurück zu den letzten Fragen in dieser Gruppe (s. Abb. 49). Dadurch, dass dieser Fragebogen ohne Einschränkungen erstellt wurde, ist die Frage nach dem Feedback eines solchen Trainingssystems immer sichtbar, da die befragten Personen sich auch für ein reines Videofeedback entscheiden könnten.

Die letzte Frage zur Preisgestaltung des Trainingssystems wurde aus dem Leitfaden übernommen und für die Onlineversion mit US-Dollarbeträgen erweitert, um von den teilnehmenden Personen, die mit dem US-Dollar affin sind, reale Antworten zu bekommen. Ebenso wurde die erste Kategorie von 0€ - 99€ auf 50€ - 99€ geändert.

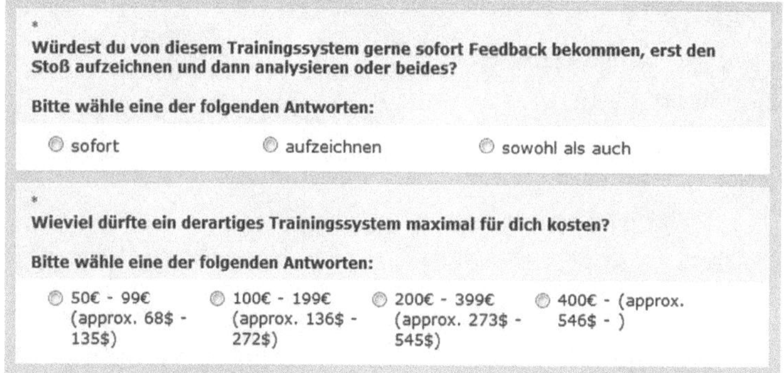

*
Würdest du von diesem Trainingssystem gerne sofort Feedback bekommen, erst den Stoß aufzeichnen und dann analysieren oder beides?

Bitte wähle eine der folgenden Antworten:

- sofort
- aufzeichnen
- sowohl als auch

*
Wieviel dürfte ein derartiges Trainingssystem maximal für dich kosten?

Bitte wähle eine der folgenden Antworten:

- 50€ - 99€ (approx. 68$ - 135$)
- 100€ - 199€ (approx. 136$ - 272$)
- 200€ - 399€ (approx. 273$ - 545$)
- 400€ - (approx. 546$ -)

Abb. 49: Fragebogen SSC (deutsch) Fragengruppe: Sensoren 3 von 3

Fragengruppe Demografie

Diese Fragengruppe wurde auf Basis des Leitfadens übernommen, wobei das Alter nicht mehr gruppiert wurde, sondern frei anwählbar ist. Bei Bedarf kann das Alter aufgrund dieser Daten wieder gruppiert werden. Aus Gründen des Marketings und möglicher Absatzmärkte wird auch das Land, in dem sich die befragte Person aufhält und ihre Staatsangehörigkeit erfragt (s. Abb. 50).

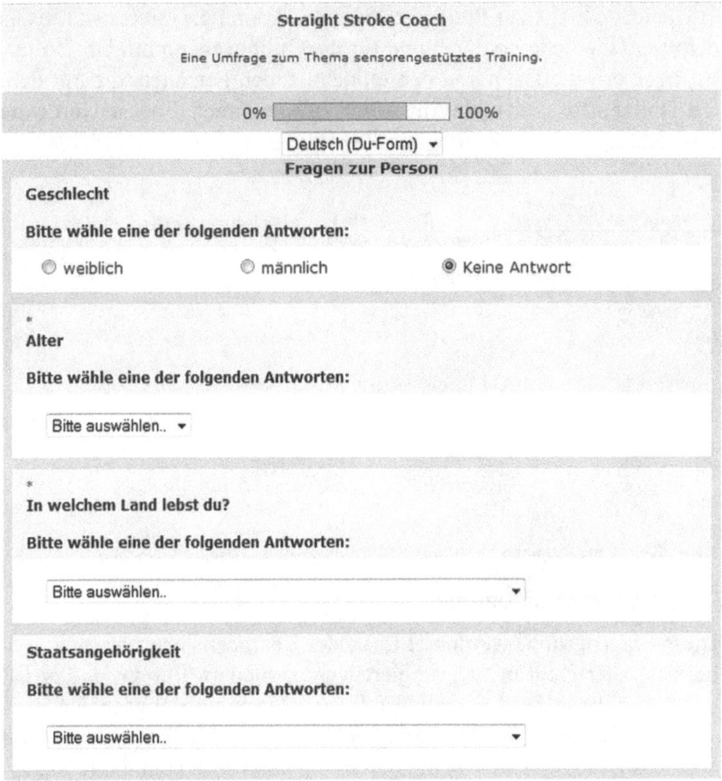

Straight Stroke Coach

Eine Umfrage zum Thema sensorengestütztes Training.

0% 100%

Deutsch (Du-Form)

Fragen zur Person

Geschlecht

Bitte wähle eine der folgenden Antworten:

weiblich männlich Keine Antwort

*
Alter

Bitte wähle eine der folgenden Antworten:

Bitte auswählen..

*
In welchem Land lebst du?

Bitte wähle eine der folgenden Antworten:

Bitte auswählen..

Staatsangehörigkeit

Bitte wähle eine der folgenden Antworten:

Bitte auswählen..

Abb. 50: Fragebogen SSC (deutsch) Fragengruppe: Fragen zur Person

4.4.2 Erhebung zur Konzeptspezifizierung

Der Fragebogen war vier Wochen online und wurde in mehreren Online-Medien und auch per Mundpropaganda bei diversen Turnieren und Mannschaftsmeisterschaften beworben.

Facebook

Der Verfasser ist über die Plattform Facebook mit 243 (Stand 27.03.2014) Billardkollegen auf der ganzen Welt vernetzt, unter denen sich mehrere professionelle Poolbillardspielerinnen und Poolbillardspieler, wie auch Weltmeisterinnen und Weltmeister, sowie Europameisterinnen und Europameister und auch nationale Titelträgerinnen und Titelträger mehrerer Länder befinden. Diese 243 Personen wurden per Facebook Chat kontaktiert mit der Bitte an der Konzeptstudie teilzunehmen.

Ein weiteres Medium war eine Facebookgruppe mit dem Namen „Inside Pool“, die von einem Onlinemagazin mit demselben Namen geführt wird, in der sich 7473 Mitglieder (Stand 30.03.2014) befanden. Hier wurde der Link zur Onlinebefragung zweimal pro Woche gepostet.

Billard-Aktuell

Billard-Aktuell.de ist eines der größten deutschsprachigen Foren in dem 7212 (Stand 30.03.2014) Mitglieder registriert sind. Auf den Beitrag des Verfassers wurde 898-mal zugegriffen (Stand 30.03.2014), wobei man nicht sagen kann wie viele Personen den Post mehrmals angeklickt haben.

AZB

AZBilliards.com ist das größte englischsprachige Forum mit Sitz in Amerika. In diesem Forum sind 45897 Mitglieder (Stand 30.03.2014) registriert, von denen 78 (Stand 30.03.2014) den Post des Verfassers angeklickt hatten. Die geringe Anzahl der Klicks liegt an einem internen Bewertungssystem des Forums in dem man sich hocharbeiten muss, damit Posts länger auf der Startseite bleiben.

Pro9

Pro9.co.uk ist ein englischstämmiges Poolbillardforum in dem 3689 (Stand 30.03.2014) Mitglieder registriert sind, von denen 566 (Stand 30.03.2014) den Post des Verfassers angeklickt hatten.

Mundpropaganda

Im Rahmen von Turnieren und Mannschaftsmeisterschaften hat der Verfasser auch ca. 20 Personen erreicht, mit denen er nicht auf Facebook befreundet ist. Hier reichte es den Namen des Konzepts weiterzugeben, denn mit einer Suche über die Suchmaschine Google wurde der Onlinefragebogen an erster Stelle ausgegeben (s. Abb. 51).

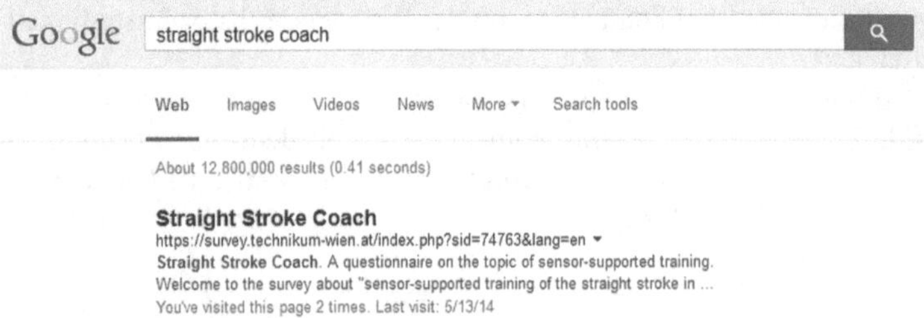

Abb. 51: SSC Suche über Google

4.4.3 Auswertung und Analyse zur Konzeptspezifizierung

Der Fragebogen wurde von 125 Personen begonnen und von 82 Personen fertig ausgefüllt (s. Abb. 52). Diese relativ hohe Anzahl von abgebrochenen Teilnahmen ist auf zwei Gründe zurückzuführen, wobei der erste Grund ein technisches Gebrechen ist und vermutlich beim zweiten Grund eine höhere Fragenanzahl und Komplexität in der zweiten Fragengruppe als in der ersten Fragengruppe. Alle abgebrochenen Fragebögen sind bei der zweiten Fragengruppe beendet worden, was zu einem Großteil daran lag, dass man mit Apple Produkten die Sortierung nicht durchführen konnte, was dem Verfasser mehrmals berichtet wurde.

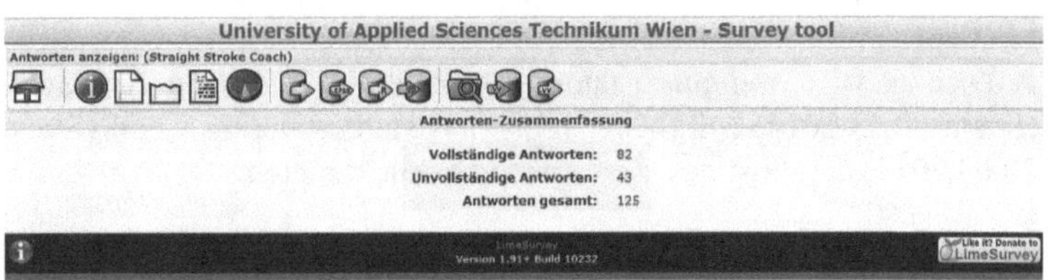

Abb. 52: Anzahl der vollständigen und unvollständigen ausgefüllten Fragebögen

Die für die Auswertung verwendeten Daten stammen zu 100% aus der Online Umfrage Straight Stroke Coach und wurde von 82 Personen (n=82) weltweit beantwortet. Dadurch, dass dieser Fragebogen frei zugänglich war, kann nicht mehr bestimmt werden, welchem Poolbillard-Level die teilnehmenden Personen entsprachen.

Fragengruppe Demografie

Die Aufteilung in männlich und weibliche Teilnehmer ist 87% männliche zu 8% weibliche, wobei 5% keine Angabe zum Geschlecht gemacht haben (s. Abb. 53).

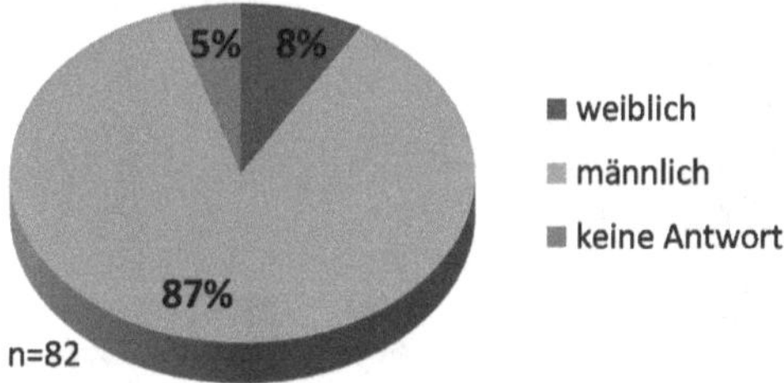

Abb. 53: Auswertung Fragebogen SSC – Geschlecht

Das Alter der teilnehmenden Personen liegt zwischen 16 und 60 Jahren, wobei für eine bessere Übersicht die Antworten wieder, wie bereits im Leitfaden gezeigt, kategorisiert wurden. Hier zeigt sich, dass die Schwelle zwischen den 19 bis 39 Jährigen und den 40 plus Jährigen nicht so groß ist und diese zwei Gruppen insgesamt 98% der befragten ausmachen (s. Abb. 54).

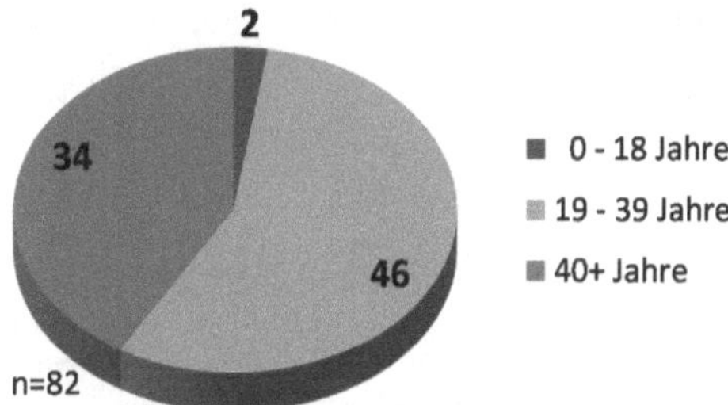

Abb. 54: Auswertung Fragebogen SSC - Alter gruppiert

Bei der Frage nach dem Land in dem die befragte Person lebt, zeigt sich dass der Fragebogen im deutschsprachigen Raum mit 72% am öftesten beantwortet wurde, darauf folgt der englischsprachige Raum mit 20%. Die Antwortquote aus dem englischsprachigen Raum wurde vom Verfasser höher erwartet, wobei der deutschsprachige Raum im erwarteten Bereich liegt (s. Abb. 55).

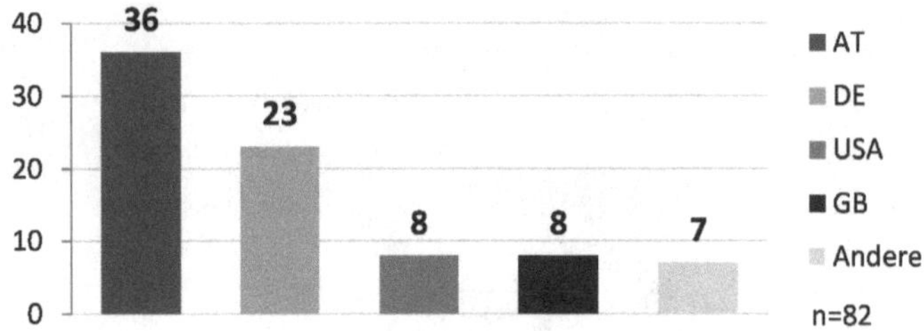

Abb. 55: Auswertung Fragebogen SSC – In welchem Land lebst du?

Die Frage nach der Staatsangehörigkeit wurde zu rein statistischen Zwecken gestellt und findet bei den Verknüpfungen der Fragen Einsatz. Hier wurde ein Ergebnis ähnlich dem der vorigen Frage erwartet, welches auch bestätigt wurde (s. Abb. 56).

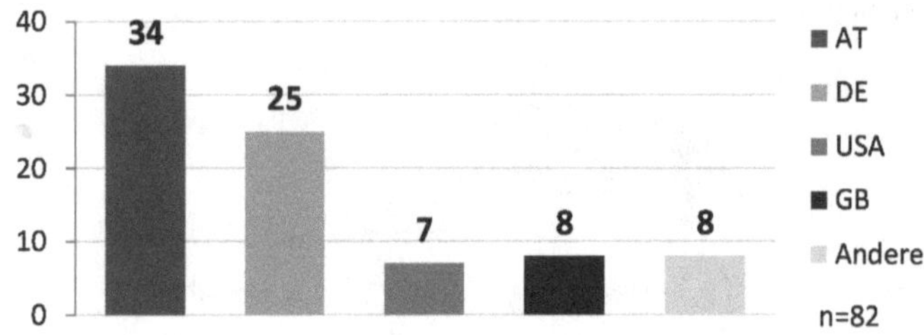

Abb. 56: Auswertung Fragebogen SSC – Staatsangehörigkeit

Fragengruppe Trainingsgewohnheiten

Die Frage zu den Jahren, die die befragte Person bereits trainiert zeigt, dass der Fragebogen von sehr erfahrene Poolbillardspielerinnen und -spieler ausgefüllt wurde (s. Abb. 57). Dieser Umstand wertet die weiteren Ergebnisse der Umfrage auf und zeigt auch, dass Poolbillard ein Sport ist, der sehr lange ausgeübt werden kann.

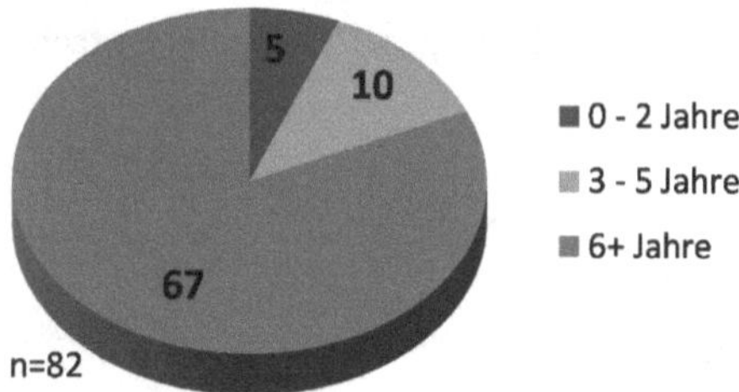

Abb. 57: Auswertung Fragebogen SSC – Seit wie vielen Jahren trainierst du Billard?

Die Frage, wie oft in der Woche trainiert wird, wurde von mehr als der Hälfte der Personen mit 1-2-mal beantwortet, was auf gute Hobbyspieler oder Vereinsspieler schließen lässt. Der Anteil der nicht trainierenden Spielerinnen und Spieler ist mit 13% sehr gering und lässt auf Hobbyspieler oder Vereinsspieler, die bereits ihren Zenit erreicht haben, schließen. Die restlichen 31%, die in der Woche 3-7-mal trainieren, sind bereits den sehr guten Vereinsspielern und den professionellen Spielerinnen und Spielern zuzuordnen (s. Abb. 58).

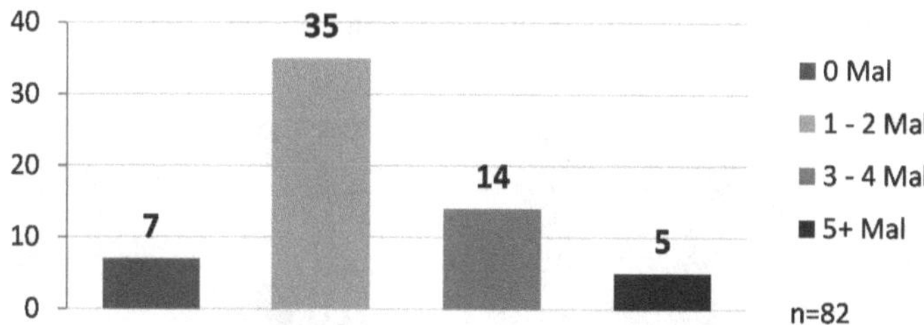

Abb. 58: Auswertung Fragebogen SSC – Wie oft trainierst du in der Woche?

Die Ergebnisse zu der Frage wie viele male in der Woche der gerade Stoß trainiert wird (s. Abb. 59) sind im Gegensatz zum Leitfaden sehr interessant, da wie bereits zuvor beschrieben jeder Stoß, der durchgeführt wird einen geraden Stoß zur Basis haben sollte. Wenn jetzt eine Spielerin oder ein Spieler das Bälle-versenken trainiert, wird automatisch der gerade Stoß mittrainiert, denn ohne geraden Stoß werden nicht alle Bälle versenkt. Das bedeutet, dass die meisten Personen nach erfolglosem Versenkversuch die Stoßbewegung oder sonstige Abläufe ändern, was wiederum das Training eines geraden Stoßes zur Folge hat. Für die Studie bedeutet das, dass ca. die Hälfte der befragten Personen keinen großen Wert auf den geraden Stoß legt und dementsprechend diesen auch nicht aktiv trainiert, was zur Folge haben könnte, dass hier ein unterstützendes Trainingsgerät ablehnend betrachtet wird.

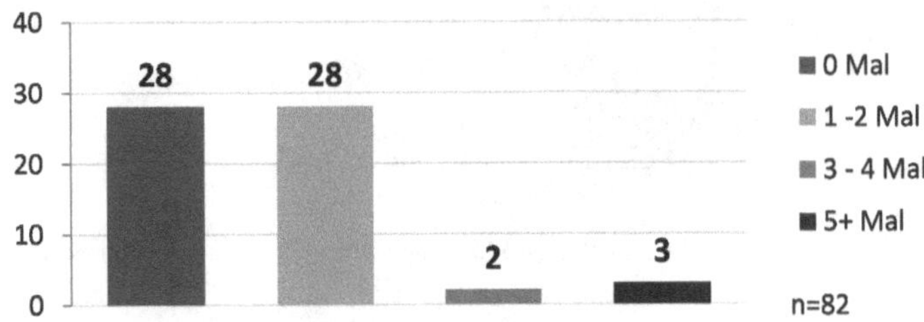

Abb. 59: Auswertung Fragebogen SSC – Wie viele Male in der Woche trainierst du speziell den geraden Stoß?

Fragengruppe Faktoren für einen geraden Stoß

Bei der Frage nach der Wichtigkeit der Faktoren für einen geraden Stoß, zeigt sich deutlich, dass der korrekte Bewegungsablauf und der korrekte Stand, welcher hier fast kongruent zum korrekten Bewegungsablauf ist als sehr wichtig empfunden werden. Die korrekte Stoßvorbereitung ist tendenziell immer noch als wichtig anzusehen, wobei diese mit den zuvor genannten Faktoren nicht mithalten kann (s. Abb. 60).

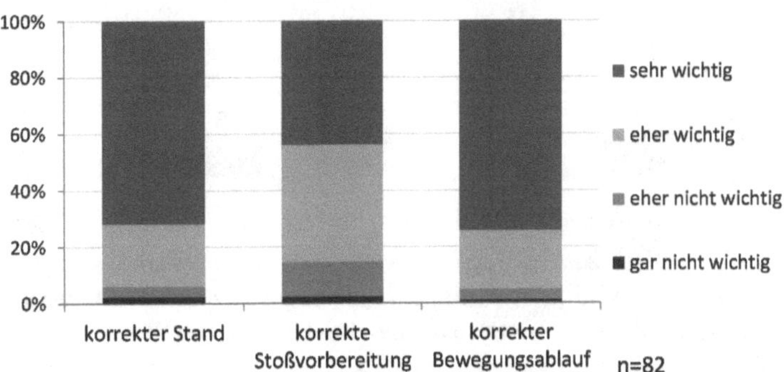

Abb. 60: Auswertung Fragebogen SSC – Bewerte bitte die Wichtigkeit folgender Punkte für die Durchführung eines geraden Stoßes

Die Ergebnisse zu den Unterkategorien des korrekten Standes sind ebenfalls sehr interessant. Die Position des Schwungarmes wird als sehr wichtig erachtet, wobei die Position des dominanten Auges, mit dem gezielt wird, nur mehr tendenziell als wichtig erachtet wird. Die

Position des Unterkörpers wird von einigen Personen bereits als eher nicht wichtig erachtet, wobei der Großteil der Antworten tendenziell zu wichtig geht (s. Abb. 61).

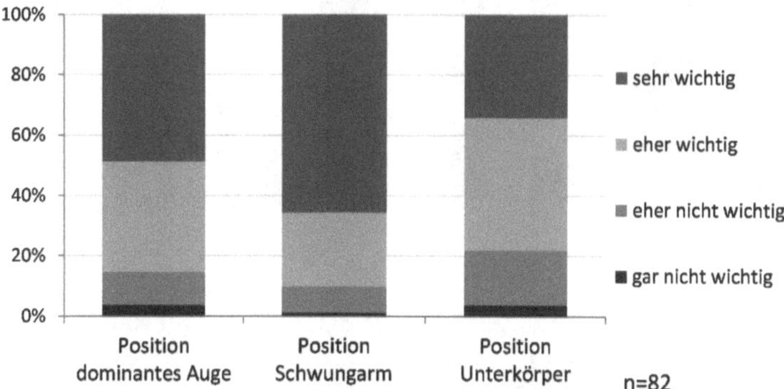

Abb. 61: Auswertung Fragebogen SSC – Bewerte bitte die Wichtigkeit des korrekten Standes für die Durchführung eines geraden Stoßes

Bei den Ergebnissen der Frage zum Thema Hilfsmittel sind die Ergebnisse wieder wie erwartet. Fremdbeobachtung wird als sehr gut empfunden, während die Eigenbeobachtung zwar noch tendenziell als „eher gut" bewertet wird und die Führungshilfen in Richtung „eher nicht gut" tendiert (s. Abb. 62). Dieses Ergebnis deckt sich mit der Annahme, dass alles, was vom Spiel ablenkt, eher nicht gewünscht ist.

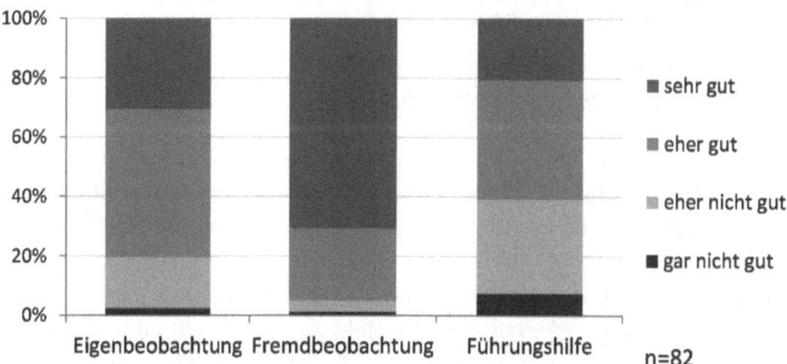

Abb. 62: Auswertung Fragebogen SSC – Bewerte bitte wie gut folgende Hilfsmittel für das Training des geraden Stoßes geeignet sind

Bei der Sortierung der Punkte auf der Grafik zeigt sich als Ergebnis, dass die Füße, also die korrekte Unterkörperposition eindeutig als erstes genannt wurde. Aufgrund der Rangfolgewertung konnte kein exaktes Ergebnis für die restlichen Punkte erhoben werden (s. Abb. 63).

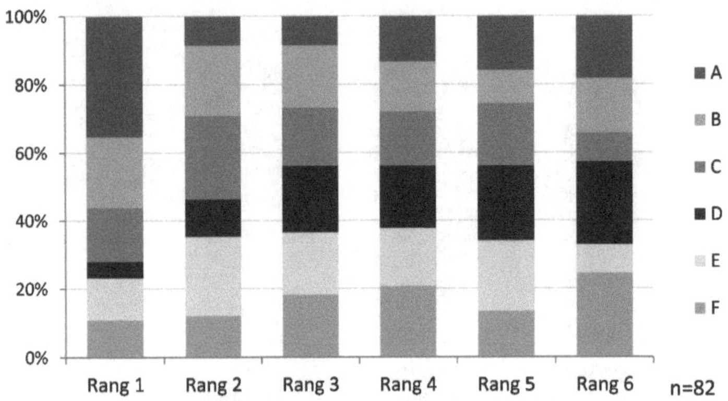

Abb. 63: Auswertung Fragebogen SSC – Sortiere bitte folgende Punkte nach Wichtigkeit für die Durchführung eines geraden Stoßes

Aus diesem Grund wurde die Rangfolge bei den restlichen fünf Punkten anhand der Werte und der Richtung, in die sich der Wert orientiert, ermittelt. Die finale Auswertung ergibt folgende Rangordnung:

1. A (Position der Füße)
2. C (Position des Schwungarmes)
3. B (Position des Handgelenks)
4. F (Position der Bockhand)
5. E (Position des dominanten Auges)
6. D (Position des Schultergelenks)

Die Auswertung der Befragung zeigt, dass die Positionen des Schwungarmes und des Handgelenks in der Rangfolge direkt nach der Position der Füße kommen, was für eine Überwachung dieser Punkte sprechen würde.

Die Ergebnisse der letzten Frage zu dieser Fragengruppe, über die Wichtigkeit der gleichmäßigen Gewichtsverteilung für die Durchführung eines geraden Stoßes ähneln den Ergebnissen des Leitfadens nur geringfügig. Hier pendeln sich die Antworten bei „eher wichtig" ein (s. Abb. 64), während beim Leitfaden eine Abstufung von „sehr wichtig" bis zu „gar nicht wichtig" zu erkennen war. Dieses Ergebnis spricht aber immer noch für eine Überwachung der Gewichtsverteilung durch den eShoe.

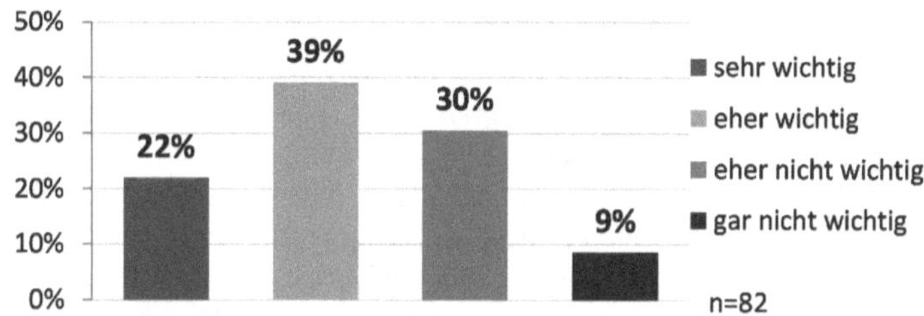

Abb. 64: Auswertung Fragebogen SSC – Wie wichtig ist deiner Meinung nach die gleichmäßige Gewichtsverteilung auf beide Füße für die Durchführung eines geraden Stoßes?

Fragengruppe Einsatzmöglichkeiten der Sensoren

Die Ergebnisse der ersten Frage zum Thema Wichtigkeit der Punkte für einen geraden Stoß, sind im Gegensatz zu der vorher besprochenen Rangfolgebewertung eindeutig ausgefallen. Somit ist der wichtigste Punkt laut Meinung der befragten Personen die Selbstkontrolle, gefolgt von optischem Feedback und an letzter Stelle die Sensoren (s. Abb. 65). Die Selbstkontrolle ist natürlich wichtig, denn auch wenn uns heutzutage die Technik einiges abnimmt, sollten wir auch ohne sie leben können. Wenn mitten in einem Turnier plötzlich die Stöße nicht mehr passen, kann die Spielerin oder der Spieler nicht mitten im Match die Sensoren montieren, da muss man sich auf seine Selbstkontrolle verlassen können.

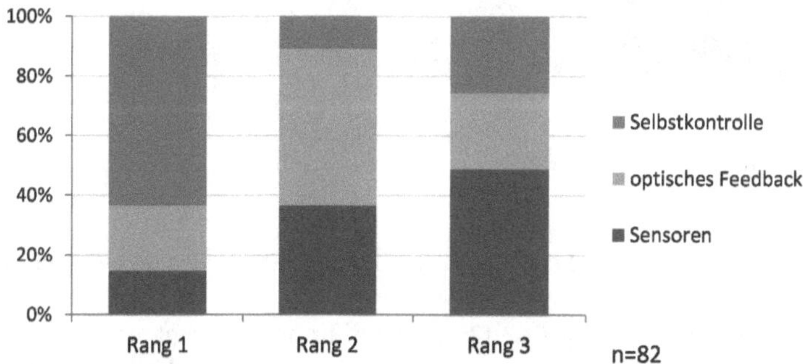

Abb. 65: Auswertung Fragebogen SSC – Sortiere bitte folgende Punkte nach Wichtigkeit für die Durchführung eines geraden Stoßes

Die Ergebnisse der Frage zum Thema, wie gut einige Punkte als Sensorposition geeignet sind, ist zum größten Teil erwartet worden. Das

Handgelenk und der Ellbogen eigenen sich nach Meinung der teilnehmenden Personen sehr gut. Das Queue, die Schulter und der Kopf, der vom Queue in der Grafik überdeckt wird, liegen bei der Bewertung tendenziell im Bereich der guten Eignung. Die Bockhand hat bei den Achsen „sehr gut“, „eher gut“ und „eher nicht gut“ gleich viele Bewertungen bekommen, was darauf schließen lässt, dass sich die befragten Personen nicht einig waren, ob diese gut geeignet für eine Sensorposition ist. Auch bei den Füßen konnte kein eindeutiges Ergebnis erzielt werden, diese liegen zwischen „eher gut“ und „eher nicht gut“, wobei der Wert für eine gute Sensorposition bei 13% liegt. Tisch und Bälle tendieren vom Ergebnis her zu „eher nicht gut“, wobei beide noch über 30% für den Wert „eher gut“ bekommen haben (s. Abb. 66).

Vor dieser Befragung wusste niemand, dass es bereits Technik wie den eShoe gibt, der sensorbestückt gute Arbeit leistet, darauf ist wohl zurückzuführen, dass sich nur wenige Personen die Füße als sehr gute Sensorposition vorstellen können.

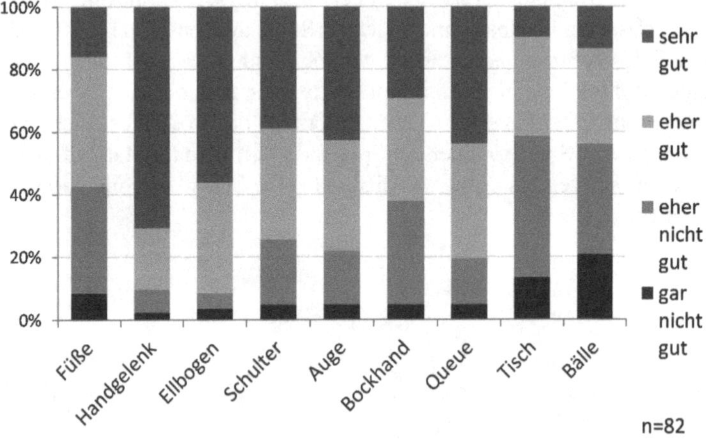

Abb. 66: Auswertung Fragebogen SSC – Bewerte bitte wie gut folgende Punkte als Sensorpositionen geeignet sind

Die Ergebnisse der nächsten Frage sind für das Konzept sehr wichtig, denn wenn die teilnehmenden Personen keine Sensortechnik zur Unterstützung des geraden Stoßes wollen, dann gibt es hier eine No-Go-Entscheidung für das Konzept. Dadurch, dass diese Frage 74% der befragten Personen mit einem tendenziellen „ja“ beantwortet haben (s. Abb. 67), wird hier eine Go-Entscheidung getroffen.

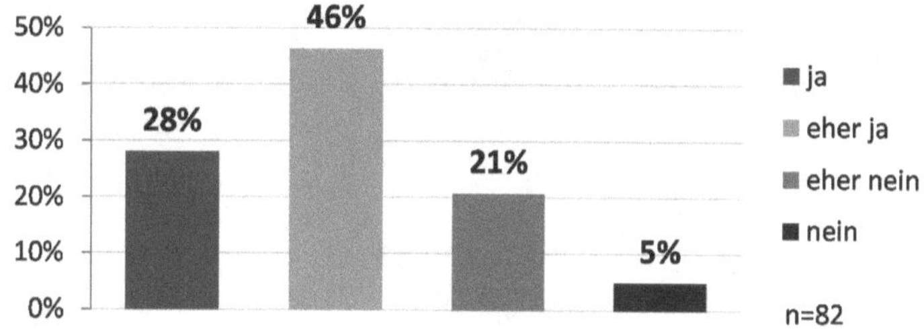

Abb. 67: Auswertung Fragebogen SSC – Würdest du ein spezielles Trainingssystem (Sensoren die deine Körperstellung rückmelden) für die Perfektionierung des geraden Stoßes verwenden?

Dadurch dass diese Frage essentiell für das Konzept war, wurde bei einem „eher nein" oder bei einem „nein" nach dem Grund der Ablehnung gefragt. Zusammengefasst kann man sagen, dass fast alle Ablehnung dieselben Themenschwerpunkte haben, die nachfolgend aufgelistet werden:

- keine einheitliche Anatomie
- motorische Mängel, die nicht ausgeglichen werden können
- keine Information, wie das Feedback umgesetzt werden soll
- andere vorhandene Möglichkeiten, einen geraden Stoß zu überprüfen
- Sensoren sind keine natürliche Ausrüstung

Die wichtigste neue Information aus den Ablehnungsgründen ist die, dass manche Personen nicht wissen würden, was sie mit dem Feedback des Systems anfangen sollen. Dieser Punkt sollte ins Konzept aufgenommen werden um eine verständliche Bedienungsanleitung zur Verfügung zu stellen.

Die nächsten Ergebnisse stammen von den Unterfragen, falls die Frage zuvor mit „ja" oder mit „eher ja" beantwortet wurde. Deswegen verändert sich hier auch die Anzahl der Antworten auf n=61.

Die Ergebnisse zur Frage, ob die Sensoren lieber flexible am Körper angebracht oder lieber in einem Langarm Shirt integriert werden sollen, fielen mit 64% zu 36% für ein flexibles am Körper Anbringen aus (s. Abb. 68). Das spricht für die Möglichkeit, die Sensoren mit einem Klettverschlussband dort zu positionieren, wo die Spielerin oder der Spieler sie haben will.

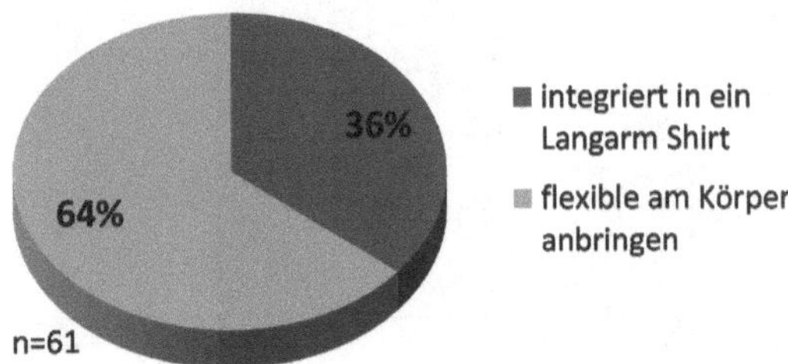

Abb. 68: Auswertung Fragebogen SSC – Wie würdest du die Sensoren lieber benutzen?

Die nächste der Unterfragen brachte das Ergebnis, dass 90% der Personen die Sensoren auch am Tisch oder am Queue befestigen würden (s. Abb. 69). Die Personen, die mit „eher nein“ oder mit „nein“ geantwortet haben wurden ebenfalls wieder gebeten den Grund für die Ablehnung anzugeben.

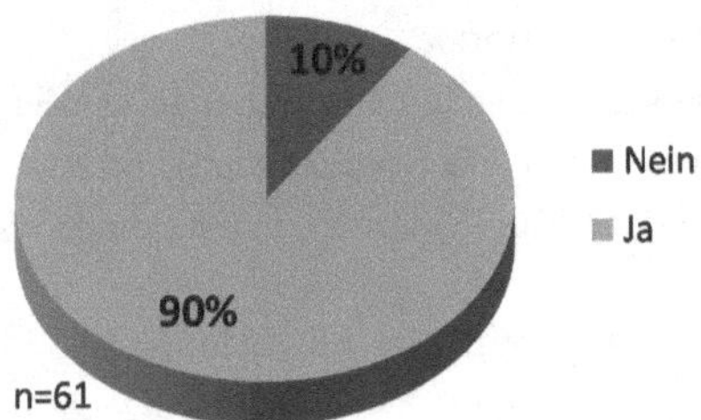

Abb. 69: Auswertung Fragebogen SSC – Würdest du, wenn nötig die Sensoren auch an deinem Queue bzw. am Tisch anbringen?

Die Ergebnisse der Frage zur Ablehnung der Montage der Sensoren am Queue oder am Tisch wurden folgend zusammengefasst:

- keine natürliche Spielumgebung
- Tische sind Eigentum des Lokals
- mögliche Abnutzung oder Zerstörung von Tisch und Queue

Die letzte der Unterfragen zum Thema Konfiguration eines Trainingsgeräts brachte das Ergebnis, dass 36% der teilnehmenden Personen gerne sofort mit dem Training beginnen würden, während 39% auch 2-5 Minuten Konfiguration in Kauf nehmen würden und 25% sogar 6-10 Minuten mit Anlegen und Konfigurieren des Geräts verbringen würden (s. Abb. 70).

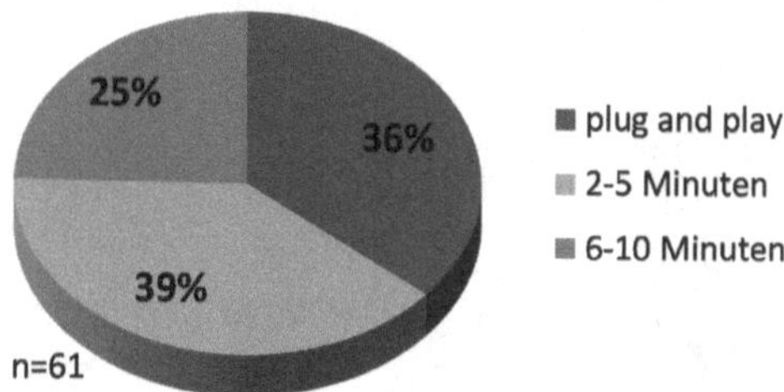

Abb. 70: Auswertung Fragebogen SSC – Wie viel Zeit würdest du maximal mit dem Anlegen und Konfigurieren eines solchen Geräts verbringen?

Die Ergebnisse zur vorletzten Frage, die gleichzeitig auch wieder alle teilnehmenden Personen sehen, egal ob sie „ja“ oder „nein“ bei der Frage, ob sie das Trainingssystem verwenden würden, geantwortet haben, zeigen, dass 65% der Spielerinnen und Spieler sich ein System wünschen würden, das sofort Feedback gibt und zur späteren Analyse aufzeichnet (s. Abb. 71).

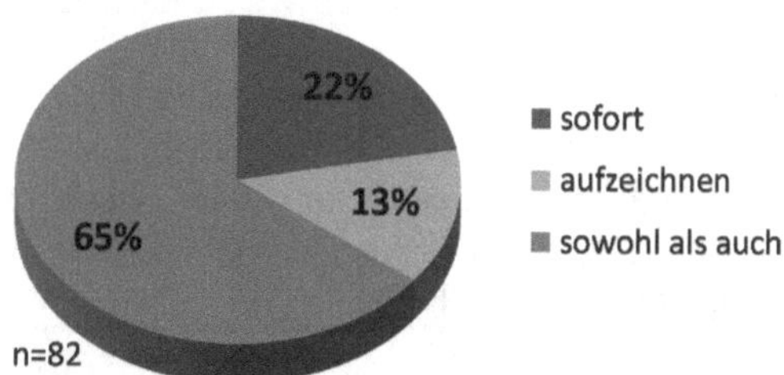

Abb. 71: Auswertung Fragebogen SSC – Würdest du von diesem Trainingssystem gerne sofort Feedback bekommen, erst den stoß aufzeichnen und dann analysieren oder beides?

Die Frage nach den Kosten wurde erwartungsgemäß von insgesamt 86% mit einem Preis von unter 200€ beantwortet (s. Abb. 72). 11% würden auch bis 399€ und immerhin 3% über 400€ zahlen.

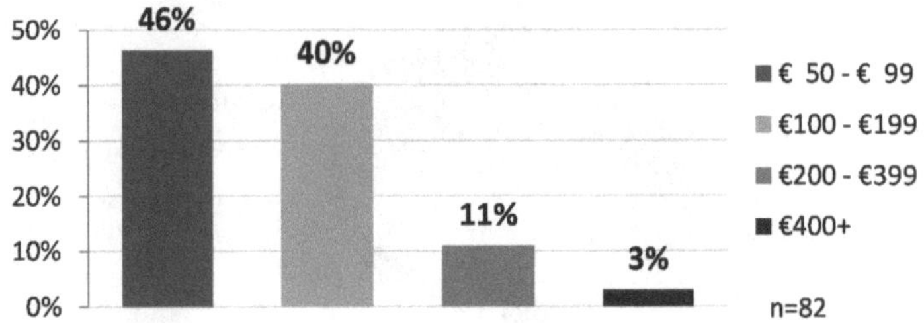

Abb. 72: Auswertung Fragebogen SSC – Wieviel dürfte ein derartiges Trainingssystem maximal für dich kosten?

Spezifizierte Abfragen

Aus marktanalysetechnischen Gründen wurden die 61 Personen, die die Frage, ob sie ein sensorgestütztes Trainingssystem benutzen würden, herausgehoben, um genauere Ergebnisse zu bekommen.

Aus Sicht der Preisgestaltung wurde die Abfrage unter diesen neuen Bedingungen nochmals gestartet. Somit bekommt man die Preise, die die Personen zahlen würden, die das System auch benutzen wollen würden.

Das Ergebnis hat sich diesbezüglich geändert, dass ein Teil der Personen, die bis zu 99€ ausgeben würden, wegfallen. Fast die Hälfte aller Befragten, die das System benutzen würden, würden bis zu 200€ ausgeben (s. Abb. 73), wobei 16% sogar mehr als 200€ ausgeben würden, was den Spielraum für die Technik definitiv erweitert.

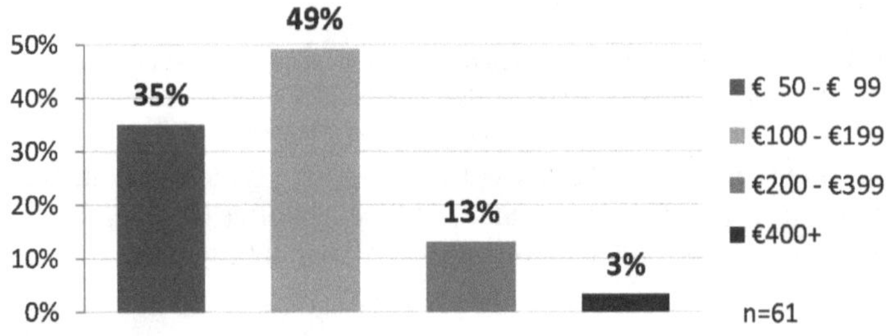

Abb. 73: Spezifizierte Abfrage – Preisgestaltung

Aus Sicht des Absatzmarktes wurde die Abfrage ebenfalls unter diesen neuen Bedingungen nochmals gestartet, wobei aufgrund der Anzahl der Nennungen nur Österreich und Deutschland ausgewertet werden. In Österreich würden 28 von 36 Personen und in Deutschland 17 von 23 Personen das Trainingsgerät benutzen wollen.

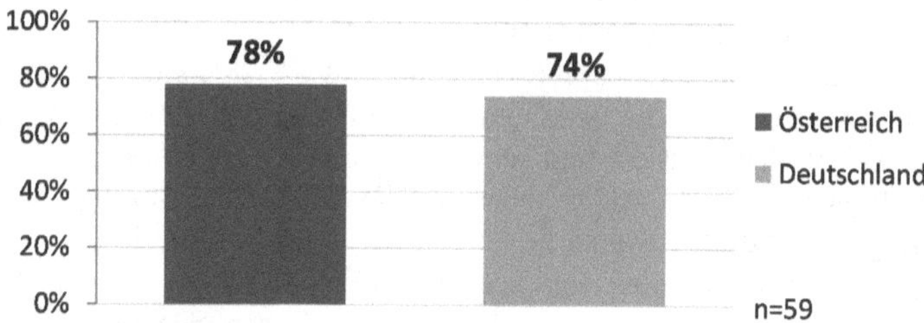

Abb. 74: Spezifizierte Abfrage – Absatzmarkt

4.5 Konzeptspezifikation

Aufbauend auf dem Grundkonzept des SSC soll versucht werden, die Punkte, die beim geraden Stoß auf einer Linie sein sollen, zu überwachen. Dadurch, dass der Fragebogen von den Rahmenbedingungen sehr offen gestaltet wurde, gilt es jetzt, die Bedürfnisse der befragten Personen und die technische Umsetzbarkeit zusammenzuführen.

4.5.1 Konzept mit bestehender eShoe Technologie

Auf Basis der Technologie, die momentan im eShoe verbaut ist, kann keine absolute Positionsbestimmung, mit welcher die exakte Position mittels Abstands- oder Winkelmessung bestimmt wird (Zimmermann, 2001), durchgeführt werden. Eine relative Positionsbestimmung, bei der die Position relativ zu einem vorher definierten Ausgangspunkt bestimmt wird (Zimmermann, 2001), kann mit vorhandenen Sensoren aber durchaus durchgeführt werden. Dadurch, dass jede Sensoreinheit mit einer Stromquelle, einer eingebetteten Verarbeitungseinheit und einer Sendeeinheit verbunden sein muss, gestaltet sich der Aufbau relativ eingeschränkt.

Eine Möglichkeit das Konzept des eShoes für die Bestimmung eines geraden Stoßes weiterzuführen ist es, die bereits bestehenden Sensoren zu extrahieren und diese mit Verarbeitungseinheit, Sendeeinheit und Stromquelle zu einem vollkommen alleinstehend funktionierenden Paket zu kombinieren.

Ein solches Paket könnte zum Beispiel am hinteren Ende des Queues montiert werden. Diese Position wurde von insgesamt 77% (n=82) der befragten Personen als tendenziell gute Sensorposition beurteilt, wobei 90% (n=61) der befragten Personen den Sensor auch an dieser Position befestigen würden. An dieser exponierten Stelle könnte dann auch eine Vibrationseinheit verbaut werden, die zu Abweichungen (links, rechts) von der geraden Führung rückmeldet.

Für diese Rückmeldung muss die Sensoreinheit vor jedem Stoß in der Linie des Stoßes, kalibriert werden. Mit entsprechender Softwarekonfiguration könnte so eine Toleranz des Beschleunigungsmessers eingestellt werden, die nach einer Abweichung um x Zentimeter den Vibrationsalarm auslöst und somit die Funktion des sofortigen Feedbacks erfüllt. Für das Aufzeichnen und die Analyse des Bewegungsvorganges wird die Software, die auf der Basisstation läuft, in funkreichweite benötigt, um die Daten von beiden Einlagesohlen (gleichmäßige Gewichtsverteilung via Drucksensoren) und des Sensorpakets am Queue (Bewegungsdaten während des Stoßes) zu erhalten, zu synchronisieren und verwertbar anzuzeigen.

Als Erweiterung zu diesem Ansatz könnte auch noch ein weiteres Paket am Oberarm in der Nähe des Ellbogens befestigt werden, das mit einem Sensor, der am Handgelenk befestigt wird, und einem Sensor, der an der Schulter befestigt wird, verkabelt ist. Die Position des Handgelenks wurde mit 91%, die Position der Schulter mit 74% und die Position des Ellbogens mit 91% für eine tendenziell gute Sensorposition befunden, wobei die Position des Handgelenks mit 71% der Stimmen der befragten Personen für „sehr gut" genannt wurde. Mit dieser Variante kann man das Queue und den Schwungarm getrennt messen und dann mittels Basisstation die Messwerte zusammenführen. Diese Aufteilung der zwei Pakete auf Queue und Schwungarm ist diesbezüglich sinnvoll, da man während des Trainings das Queue nicht ständig in der Hand halten muss. Bei einer Variante mit einer Verarbeitungseinheit müsste man den Sensor, der das Queue überwacht, regelmäßig entfernen, um das Queue beiseite zu legen und danach wieder montieren.

Man könnte als Erweiterung noch einen Sensor, der das dominante Auge kontrolliert, bei der Verarbeitungseinheit, die den Schwungarm überwacht, hinzufügen. Diese Sensorposition wurde von 78% der befragten Personen als tendenziell gut erachtet. Der Sensor könnte in ein Stirnband integriert werden, mithilfe dessen man den Sensor auf die Position des dominanten Auges schiebt. Für die Kalibrierung vor dem Stoß muss das Auge auch auf der Stoßlinie sein. Auch hier könnte man eine Vibrationseinheit verbauen, die bei x Zentimeter Abweichung den Vibrationsalarm auslöst.

In punkto Erweiterbarkeit wäre es wünschenswert, bei dem Sensorenpaket für den Ellbogen mehrere Steckplätze für optionale Sensoren bereitzustellen. So sollte man zum Beispiel wahlweise den Sensor für das dominante Auge abstecken oder anstecken können. Bei

Anstecken eines Sensors sollte dieser automatisch vom System erkannt und integriert werden.

Somit könnte dieses Konzept wie in Abb. 75 dargestellt aussehen.

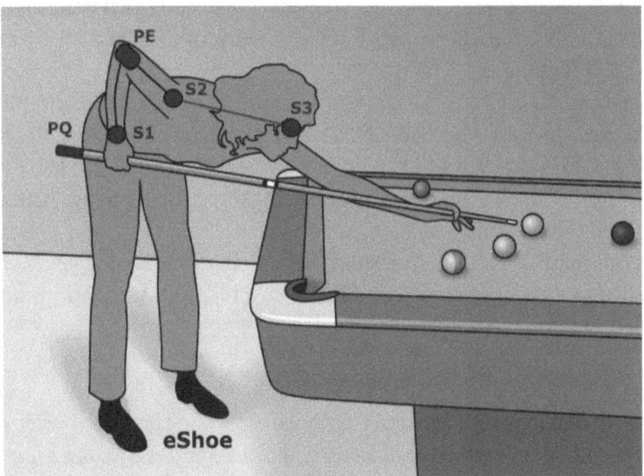

Abb. 75: Sensoren für Konzept (modifiziert übernommen von Wall & Crimi, 2004)

- PQ: Paket Queue besteht aus Stromversorgung, Verarbeitungseinheit, Sendeeinheit und einem Beschleunigungssensor
- PE: Paket Ellbogen besteht aus Stromversorgung, Verarbeitungseinheit, Sendeeinheit, einem Beschleunigungssensor und Anschlüssen für externe Sensoren
- S1: Beschleunigungssensor für das Handgelenk
- S2: Beschleunigungssensor für das Schultergelenk
- S3: optionaler Beschleunigungssensor für das dominante Auge
- eShoe: besteht aus Stromversorgung, Verarbeitungseinheit, Sendeeinheit und vier Drucksensoren (die restliche Sensorik wird hier nicht benötigt)

4.5.2 Konzept mit absoluter Positionsbestimmung

Der große Vorteil der absoluten Positionsbestimmung ist, dass keine Kalibrierung vor dem Stoß stattfinden muss und somit die Lage der Sensoren im Raum immer bekannt ist. Allgemein gestaltet sich die Positionsbestimmung innerhalb von geschlossenen Räumen aufwändig und kostenintensiv, da immer zusätzliche Technologie vorhanden sein muss. Man könnte das System der Trilateration (Kahmen, 1986) dafür benutzen, für das man mindestens drei Sender um den Trainingstisch herum aufstellt, um mittels der Signale der Sender, die unterschiedliche Laufzeit zum Empfänger, der am Körper getragen wird, zu messen und aufgrund dieser Laufzeiten die Position im Raum zu bestimmen. Die Trilateration wird auch bei der Positionsbestimmung im Mobilfunk benutzt (Schnabel, n.d.).

Es gibt noch weitere Konzepte für absolute Positionsbestimmung in geschlossenen Räumen, wie z.B.: Active Badge, WIPS (beide Infrarot), SpotOn, RFID (beide Funk), Active Bat, Criket (beide Ultraschall), Visual Tags (Visuell), wobei alle diese Systeme zusätzliche Aufbauten benötigen (Roth, 2002).

Da ein Mitführen und Aufbauen bei solchen Technologien nicht zumutbar und praktikabel ist, wird die absolute Positionsbestimmung für das Konzept des SSC verworfen.

4.6 Zusammenführung der empirischen Resultate

Nachdem das Konzept auf den Ergebnissen des leitfadengesteuerten Interviews und des Fragebogens beruht, diese zwar iterativ, aber nur jedes für sich betrachtet wurde, wird hier eine Zusammenführung und ein Vergleich der Ergebnisse der beiden Erhebungsmethoden durchgeführt. Begonnen wird mit der Zusammenführung der Go-No-Go-Entscheidungen, ob das Konzept erstellt werden soll.

Für das Konzept, ein Trainingssystem auf Basis des eShoe zu entwickeln, war die wichtigste Frage, ob die befragten Personen ein sensorgestütztes Trainingssystem verwenden würden. Das Ergebnis des Fragebogens (vgl. Kapitel 4.4.3) fiel mit 28% der Stimmen (n=82) für „ja" aus und 46% der Stimmen für „eher ja". Zusammengeführt ist die Tendenz, ein sensorgestütztes Trainingssystem zu benutzen, zu 74% gegeben. Der Wert des Leitfadens (vgl. Kapitel 4.2.3) liegt bei fünf Stimmen (n=6) für „ja", somit fiel das Ergebnis unter den befragten Personen, die regelmäßig trainieren und auch erfolgreich Poolbillard spielen, höher aus. Beide Werte führen dazu, dass es eine Go-Entscheidung für das Konzept gibt.

Aus wirtschaftlicher Sicht wird die Frage nach dem Preis eines solchen Trainingssystems beleuchtet. Auch diese Frage kann direkt verglichen werden, da sie aus dem Leitfaden mit einer minimalen Änderung übernommen wurde. Das Ergebnis des Fragebogens war, dass 46% der Befragten (n=82) bis zu 99€ und 40% bis zu 199€ zahlen würden. Eine spezifizierte Abfrage, in der nur die Antworten der befragten Personen beleuchtet wurden, die sich auch vorstellen konnten ein solches

Trainingssystem zu benutzen, ergab, dass 35% der Befragten (n=61) bis 99€ zahlen würden und 49% bis 199€ zahlen würden. Das zeigt, dass ein Teil der Personen, die laut Umfrageergebnis das Trainingssystems nicht oder nur bedingt nutzen würden, auch den Wert eines solchen Systems nicht schätzen. Die verbleibenden 16% der Befragten wären bereit über 200€ für das Produkt zu zahlen. Das Ergebnis des Leitfadens zeigt, dass eine Person (n=6) bis 99€, aber bereits vier bis 199€ dafür zahlen würden. Insgesamt war das Ergebnis doch überraschend, da von der Annahme ausgegangen wurde, dass für die meisten befragten Personen 100€ schon die Obergrenze wäre. Somit gibt es auch bei diesem Punkt eine Go-Entscheidung.

Nachdem beide Go-No-Go Entscheidungen behandelt wurden, werden ein paar Fragen zur Ausgestaltung zusammengeführt.

Die Funktionsweise, ob sofortiges Feedback gegeben werden soll, oder ob die Bewegung aufgezeichnet und später analysiert werden soll, wurde von 65% der Befragten (n=82) mit „sowohl als auch" beantwortet. Das deckt sich genau mit den Ergebnissen des Leitfadens: vier von sechs haben diese Frage mit „sowohl als auch" beantwortet. Dieses Ergebnis wurde erwartet, da man nach dem sofortigen Feedback nach dem Stoß anhand der Aufzeichnungen diesen auch analysieren kann.

Die Frage nach der Zeit, die für das Anlegen und die Konfiguration aufgewendet werden würde, ergab beim Fragebogen, dass 36% der Befragten (n=61) für „plug and play", 39% für „2-5 Minuten" und 25% für „6-10 Minuten" gestimmt hatten. Das Ergebnis des Leitfadens war: vier Personen (n=6) für „2-5 Minuten" und zwei Personen für „6-10 Minuten". Diese Differenz ergibt sich wiederum daraus, dass die Personen, die im Leitfaden befragt wurden, toleranter gegenüber der Konfiguration einer Trainingsunterstützung sind, da von diesen Personen auch Ergebnisse aus dem Training erwartet werden.

Die Frage zum fixen oder flexiblen Anbringen der Sensoren fiel im Fragebogen mit 64% der Stimmen (n=61) zu Gunsten der flexiblen Anbringung aus, während die Befragten (n=6) beim Leitfaden unentschieden stimmten. Der Unterschied zwischen den Antworten ist nicht so groß, denn wenn eine Person im Leitfaden (1 Stimme = 16,66%) sich anders entschieden hätte, würde das Ergebnis ähnlich zum Fragebogen sein. Kritisch betrachtet, ist der Unterschied zwischen fixen, in Textilien integrierten Sensoren und flexibel am Körper angebrachten Sensoren nicht so groß. Die Sensoren sind dieselben, bei einer Variante werden sie in speziellen Textiltaschen an der Oberkörperbeleidung verstaut und bei der anderen Variante mit einem Klettverschlussband angebracht.

Eine weitere für das Konzept sehr interessante Frage zum Thema Montage der Sensoren am Queue oder am Tisch, brachte beim Fragebogen das Ergebnis, dass 90% der befragten Personen (n=61) einen Sensor am Queue oder am Tisch montieren würden. Das Ergebnis aus dem Leitfaden geht mit sechs von sechs Stimmen für eine Montage am Queue oder am Tisch mit dem Ergebnis des Fragebogens konform. Diese Antwort wurde erwartet, denn kritisch betrachtet ist das Queue das ausführende Instrument während des Stoßes und lässt sich somit sehr gut mittels Sensoren überwachen.

Die Frage zum Thema gleichmäßige Gewichtsverteilung auf beide Füße ist vor allem für den Einsatz des eShoe interessant und wurde im Fragebogen mit 61% der Stimmen (n=82) für tendenziell wichtig erachtet, während beim Leitfaden fünf von sechs Personen für tendenziell „wichtig" stimmten. Auch bei diesen Ergebnissen zeichnet sich wiederum ab, dass die Personen, die mittels des Leitfadens befragt wurden, bereits jahrelang trainieren und sich intensiv mit dem Training beschäftigen, während der Fragebogen von jeder Billardspielerin und jedem Billardspieler ausgefüllt werden konnte.

Als letzte für das Konzept interessante Frage wird die der geeigneten Sensorpositionen behandelt. Diese Frage ist aus mehreren qualitativen Fragen im Leitfaden erhoben worden. Nach der Erhebung wurden die Ergebnisse zusammengefasst und kategorisiert. Aus diesem Grunde gibt es keine direkten Vergleichswerte zwischen Leitfaden und Fragebogen. Die 82 befragten Personen werteten zwei Positionen, nämlich das Handgelenk (Schwungarm) und den Ellbogen mit einem eindeutigen „sehr gut" und drei weitere Positionen, nämlich das Queue, das dominante Auge und die Schulter, mit einem tendenziellen „gut".

Bei den Füßen fiel das Ergebnis mit 57% (n=82) für „gut" und 43% für „nicht gut" leicht positiv aus. Diese Ergebnisse führten dazu, dass die genannten Sensoren in das Konzept übernommen wurden, wobei die Sensorposition der Füße als Bonus gesehen werden, da diese Sensoreinheiten bereits bestehen und der eShoe als Basis des Konzepts dient.

Die Fragen zu den Trainingsgewohnheiten ergaben, dass die Personen, die den Fragebogen (n=82) ausgefüllt haben, zu 82% seit sechs oder mehr Jahren, zu 56% 1-2 Mal pro Woche und zu 44% den geraden Stoß 1-2 Mal pro Woche trainieren.

Die Ergebnisse des Leitfadens (n=6) waren, dass vier Personen seit sechs oder mehr Jahren, fünf Personen 1-2 Mal pro Woche und ebenfalls fünf Personen den geraden Stoß 1-2 Mal pro Woche trainieren. Hierbei sieht man den Unterschied zwischen ambitioniert trainierenden Lizenzspielerinnen und -spielern, die beim Leitfaden befragt wurden, im Gegensatz zu den Billardspielerinnen und -spielern, von denen man keine genaue Leistungsstufe kennt, die den Fragebogen ausgefüllt haben. Kritisch betrachtet, wird der gerade Stoß in jedem Training mittrainiert, da sonst der Objektball nicht versenkt werden könnte.

Im letzten Abschnitt werden die demografischen Ergebnisse verglichen, die Aufschluss über das Geschlecht, das Alter und die Länder, die als Absatzmarkt dienen könnten, geben.

Der Fragebogen wurde zu 9% von Frauen und zu 91% von Männern ausgefüllt (n=78). Das Alter der befragten Personen liegt zwischen 16 und 60 Jahren, wobei die Gruppe der 19-39-jährigen mit 56% (n=82) am stärksten vertreten ist. Die Befragten leben in zehn verschiedenen Ländern, wobei 44% der Antworten aus Österreich, 28% aus Deutschland und jeweils 10% aus den Vereinigten Staaten von Amerika und dem Vereinigten Königreich Großbritannien kommen. Die restlichen 8% stammen aus sechs weiteren Ländern. Beim leitfadengesteuerten Interview nahmen zwei Frauen und vier Männer teil, von denen alle sechs in Österreich leben, zwei 40 Jahre oder älter und vier zwischen 19 und 39 Jahre alt sind.

Dadurch, dass 36 Personen aus Österreich und 23 Personen aus Deutschland an der quantitativen Erhebung teilgenommen haben, kann hier aufgrund der etwas höheren Teilnehmerzahl gegenüber den anderen Ländern eine Markttendenz erstellt werden. Es wurden bei den Ergebnissen des Fragebogens die Personen herausgefiltert, die ein sensorgestütztes Trainingsgerät auch benutzen würden. Somit kommt man zu dem Ergebnis, dass in Österreich 28 von 36 Personen und in Deutschland 17 von 23 Personen dieses Gerät auch benutzen würden. Somit würden 78% der Befragten aus Österreich und 74% der Befragten aus Deutschland dieses Trainingssystem benutzen. Kritisch betrachtet heißt das nicht, dass diese Personen das Trainingssystem auch kaufen würden, somit kann man einen möglichen Absatzmarkt nur auf Basis dieser Einschätzung hochrechnen.

5 Zusammenführung der Resultate und Ausblick

5.1 Beantwortung der Forschungsfragen

Hier werden die Forschungsfragen und Hypothesen nochmals übersichtlich dargestellt und explizit beantwortet.

Forschungsfrage 1:

- Kann man AAL-Technologien, hier am Beispiel des eShoe repräsentiert, für den Einsatz im Freizeit- und Hobby-Bereich weiterentwickeln?

Hypothese zu Forschungsfrage 1:

➢ AAL-Technologien und Entwicklungen wie der eShoe können unter Berücksichtigung verschiedener, im Zuge der Markt- und Bedarfsanalyse zu definierenden Faktoren, potentiell erfolgreich in den Bereich des Breiten- und Leistungssports überführt werden.

Diese Frage konnte bei der Recherche zum Thema eShoe positiv beantwortet werden. Der eShoe wurde bereits für eine Studie mit Golfspielern adaptiert (vgl. Kapitel 3.3.1), indem die Technologie die im eShoe benutzt wird, ebenfalls in einen Golfhandschuh verbaut wurde. Dies diente zur Aufzeichnung des Abschlages und wurde mit den Daten der beiden Einlagesohlen von der Software der Basisstation synchronisiert und übersichtlich dargestellt. Somit ist generell das Interesse vorhanden, diese Art von Technologie weiterzuentwickeln und in anders gearteten Themengebieten, wie in diesem Fall bei der sportlichen Trainingsunterstützung, einzusetzen. Aus den Antworten der befragten Personen lässt sich ebenso ablesen, dass generelles Interesse besteht, das Training sensorgestützt durchzuführen. Vor allem die mehr als 70-prozentige Bereitschaft der Befragten im deutschsprachigen Raum, ein solches

Trainingsgerät erwerben zu wollen, bestätigt die Hypothese zur Forschungsfrage 1.

Forschungsfrage 2:

- Müssen für einen Einsatz von Technologien aus dem AAL-Bereich im Billardsport besondere Voraussetzungen erfüllt werden? Und wenn ja, welche sind das und wie können sie definiert werden?

Hypothese zu Forschungsfrage 2:

➢ Für den spezifischen Einsatz im Billardsport müssen besondere Voraussetzungen für den erfolgreichen Technologietransfer aus dem AAL-Bereich in den Freizeit-, Sport- und Hobbybereich erfüllt werden.

Im Zuge der Studie wurden für den Einsatz im Billardsport diese besonderen Voraussetzungen erhoben. Dabei handelt es sich um eine Erweiterung der Technologie um mehrere Sensoren außerhalb des eShoe. Einer der beiden Konzeptvorschläge benutzt für die zusätzlichen Sensoren dieselbe Technologie wie im eShoe, womit die Position der Sensoren, die an den vorgegebenen Körperteilen angebracht sind, relativ im Raum bestimmt werden kann (vgl. Kapitel 4.5.1). Der zweite Konzeptvorschlag wurde wegen zusätzlichem Materialaufwand, um eine absolute Positionsbestimmung durchführen zu können, für das Konzept des SSC verworfen (vgl. Kapitel 4.5.2).

Des Weiteren wird eine Erweiterung der Applikation, die auf einer Basisstation (Smartphone, Laptop, PC) läuft, benötigt, um die Überwachung des geraden Stoßes sofort rückmelden und zusätzlich aufzeichnen zu können. Eine weitere Voraussetzung ist das Basiswissen der Bewegungsabläufe der Sportart (vgl. Kapitel 3.2.4), um die Sensoren an den für die Bewegungsaufzeichnung relevanten Positionen zu platzieren. Diese bereits genannten Faktoren, sowie die Rückmeldung der Befragten zum Thema, wie sie sich ein sensorgestütztes Training vorstellen, ergibt, dass das Trainingssystem vor allem von der Analyse her leicht zu bedienen sein muss. Ein weiterer Punkt ist, dass die Handhabung der Sensoren speziell beim Anlegen einfach sein muss. Der Technologietransfer selbst würde von 74% der befragten Personen angenommen werden, wie man in Abb. 67 sehen kann.

Aufgrund der positiven Beantwortung der Forschungsfrage 2 kann die oben genannte Hypothese, zum Thema Voraussetzungen für einen Technologietransfer, bestätigt werden.

Forschungsfrage 3:

- Müssen besondere Anforderungen erfüllt werden, um ein Produkt bzw. eine Dienstleistung wie den konzeptionellen „Straight Stroke Coach (SSC)“ als Produkt am Markt einführen zu können? Und wenn ja, welche sind das?

Hypothese zu Forschungsfrage 3:

➢ Für die Markteinführung des SSC müssen besondere zielgruppen- und marktsegmentspezifische Anforderungen erfüllt werden.

Aufgrund der Studienergebnisse konnten besondere Anforderungen definiert werden. Eine Anforderung ist, dass Billardspielerinnen und Billardspieler im Zuge der quantitativen Befragung ein Trainingssystem, welches auf Sensortechnologie basiert, tatsächlich unterstützend benutzen würden.

Eine weitere Anforderung ist zum Beispiel, dass der Preis im Rahmen des Befragungsergebnisses der quantitativen Erhebung liegt. In diesem Beispiel soll der Preis unter 400€ liegen, wie in diesem Fragebogen erhoben wurde. Ebenso sollte im Trainingssystem die in der quantitativen Erhebung gewünschten Sensoren vorhanden sein (vgl. Kapitel 4.4.3). Mögliche Beispiele einer Umsetzung von Umfrageergebnissen zeigen die Konzeptvorschläge in Kapitel 4.5, diese könnten wiederum aufgrund der umgesetzten Anforderungen am Markt eingeführt werden, wodurch die Hypothese zu Forschungsfrage 3 bestätigt wird.

5.2 Reflexion der Arbeit

Aufbauend auf dem eShoe wurden zwei Konzeptvorschläge für die Umsetzung eines sensorgestützten Trainingssystems für den Breiten- und Leistungssport im Poolbillard erbracht: ein Konzept mit einer relativen und eines mit einer absoluten Positionsbestimmung. Während der Durchführung dieser Arbeit stand oft die Frage im Raum, wie sich der eShoe mit seinen Sensoren von den Controllern der Spieleindustrie abhebt und warum dieser als Basis für das Konzept herangezogen wurde. Bei einer ersten Betrachtung erscheinen beide System gleichermaßen geeignet. Für die Auswahl des eShoe sprach im weiteren Verlauf der

Recherche der bessere Zugang zu Forschungsergebnissen und dem Entwicklungsteam.

Des Weiteren sind die Möglichkeiten der Erweiterung des eShoe und der bereits dafür entwickelten Software in alle Richtungen offen, da der eShoe praktisch ein Forschungsprototyp ist. Der Schluss, der daraus gezogen wird ist, dass die Entscheidung, den eShoe als Basis für das Konzept zu verwenden, sinnvoll für die Durchführbarkeit der vorliegenden Arbeit gewesen ist.

Ebenso war es eine sinnvolle Entscheidung, die Befragungen mit ausgewählten Poolbillardexpertinnen und -experten mit einer leitfadengesteuerten Interviewserie zu starten. Aus den offenen Fragen des Leitfadens wurden alle Einschätzungen der befragten Personen aufgenommen und für die quantitative Erhebung weiterverarbeitet. Somit wurden auch Punkte in das Konzept aufgenommen, die nicht von Anfang an bedacht wurden und den Erfahrungen der befragten Expertinnen und Experten entsprachen. Dadurch, dass die Interviewserie keine rein qualitative Befragung war, sondern auch geschlossene Fragen im Rahmen der Multimethodologie eingesetzt wurden, konnte ein Großteil der Fragen für die quantitative Erhebung getestet und angepasst werden.

Überraschend war, dass in der Recherche zum Thema der absoluten Positionierung innerhalb von geschlossenen Räumen sehr wenige Lösungen oder Ergebnisse gefunden werden konnten. Dieser Bereich ist, obwohl man bei einer Onlinesuche mehrere Anfragen von verschiedenen Bereichen, wie zum Beispiel Tänzern, die gerne ihre Bewegungen mit Sensoren analysieren würden, oder Robotern, die innerhalb von geschlossenen Räumen Wege abfahren sollen, anscheinend noch nicht so hoch entwickelt. Fragen in diese Richtung werden mit Videoanalyse mit Trilateration (Signallaufzeitmessung) oder mit Triangulation (Winkelberechnung) beantwortet.

Ein positiver Aspekt war die Zahl der erhaltenen Rückmeldungen der Billardspielerinnen und Billardspieler auf den Fragebogen: immerhin wurde der Fragebogen von 125 Personen begonnen auszufüllen. Die Anzahl derer, die den Fragebogen fertig ausgefüllt haben, lag bei 82 Personen, was durchaus positiv zu bewerten ist, wenn man bedenkt, dass der Fragebogen mit Apple Produkten nicht korrekt ausgefüllt werden konnte (vgl. Kapitel 4.4.3).

Auffällig war die geringe Rücklaufquote des Fragebogens aus den englischsprachigen Ländern, obwohl dort wesentlich mehr Personen über die Foren erreicht werden konnten als über die deutschsprachigen Foren.

Allgemein kann gesagt werden, dass das Konzept großes Potential aufweist, in ein marktreifes Produkt umgesetzt zu werden.

5.3 Wirtschaftlichkeit des Konzepts

Für eine Markteinführung des SSC Konzepts müssen auch die entstehenden Kosten und das wirtschaftliche Potential beleuchtet werden, um eine wirtschaftliche Go-No-Go Entscheidung zu treffen.

5.3.1 Kosten des Prototyps

Aus dem Interview mit einem in der Entwicklung des eShoe führenden Mitarbeiters geht hervor, dass die reinen Software-Entwicklungskosten für das SSC Konzept sich auf ca. 4 Personenmonate belaufen würde. Berechnet wurden 35€/Stunde bei 135h/Monat aus dem Projekt heraus. Daraus ergibt sich ein Wert von 18.900€, was auch so ziemlich den größten Anteil der Kosten des Prototyps ausmachen wird (Hieger, 2014). Wenn man jetzt noch die Kosten für das Re-Design der Sohle und die Ausgestaltung der Sensorpakete mit gut 10.000€ berechnet belaufen sich die Fixkosten auf ca. 30.000€ bis zur Vollendung des Prototyps. Die Kosten für die Entwicklung und das Design des Prototyps müssen entsprechend des technologischen Fortschritts in Hardware- und Softwareentwicklung gegebenenfalls angepasst werden.

5.3.2 Produktionskosten

Bei einem minimalen Endverkaufspreis von 199€ für den SSC und einem direkten Absatz (z.B.: Webshop) dürfen die Produktionskosten 100€ nicht übersteigen. Die Kosten variieren natürlich mit der produzierten Stückzahl. Je höher die Stückzahl wird desto günstiger kann produziert werden, da die Fixkosten auf eben diese Stückzahl aufgerechnet wird (König , 2000).

Eine Spritzgussform für die Sensorgehäuse kostet laut Anfrage des Autors um die 10.000€. Um sich diese Investition zu ersparen, könnten die Gehäuse der Sensoren auch mittels 3D-Druck hergestellt werden. Das macht aber nur bei einer Kleinserie Sinn, da hier jedes einzelne Teil in Minuten gedruckt wird und nicht wie beim Spritzguss in Sekunden das fertige Gussteil entsteht.

Einen weiteren großen Anteil an den Entwicklungskosten zur Produktionsreife nimmt die Herstellung des eigentlichen Sensorpakets, sowie das Assembling in Anspruch.

Bei einer Kleinserie im 3D-Druck kann ungefähr mit denselben Kosten, die für den Prototyp anfallen, gerechnet werden, also ungefähr nochmal 30.000€ bis zur Produktionsreife. Wenn von Anfang an auf Spritzgussformen gesetzt wird, muss man ungefähr mit den doppelten Kosten des Prototyps rechnen. In diesem Fall kommt man ungefähr auf 60.000€ vom Prototyp bis zum Produkt (Cohen, 2015).

5.3.3 Markteinführungsstrategie

Als Markteinführungsstrategie wäre die Abschöpfungsstrategie in dieser Nische die beste Wahl, da ein solches Produkt am Markt eine Neuheit darstellen würde. Hierbei wird der Straight Stroke Coach mit einem relativ hohen Preis eingeführt, um die Käuferschicht, die diesen unbedingt haben will und es sich auch leisten kann, „abzuschöpfen". Erst nachdem die Verkaufszahlen stagnieren, wird der Preis nach und nach angepasst, um wieder eine größere Konsumentengruppe mit dem niedrigeren Preis zu bedienen (Nagl, 2010).

Ebenso sorgt die Einführung in einer Kleinserie, wie schon in Kapitel 5.3.2 angeschnitten, für reduzierte Kosten und somit für ein wenig finanzielle Sicherheit in der Phase der Produkteinführung. Bei der Fertigung in einer Kleinserie kann der Absatz beobachtet werden und flexibel auf die Marktentwicklung reagiert werden. Aus den Ergebnissen wird eine weitere Marktstrategie abgeleitet und entsprechend in Technologien, wie z.B.: Spritzgussformen, investiert.

5.3.4 Marktpotential und wirtschaftliche Aussichten

Für eine Abschätzung wird der österreichische Markt herangezogen, da der Verfasser diesen am besten kennt. Derzeit gibt es in Österreich ca. 1000 aktive Poolbillardspieler. Wenn man davon ausgeht, dass ca. 5% dieses Trainingsgerät kaufen würden, ist mit einem Marktpotential von 15.000€ (50 Personen x 300€ durchschnittlicher Verkaufspreis) in Österreich zu rechnen. Für den deutschen Markt, bei dem man meistens einen Faktor zehn gegenüber dem österreichischen Markt heranzieht, würde dieses Marktpotential 150.000€ betragen.

Man kann durch diese Annahmen auch erkennen, dass der deutschsprachige Markt nur der erste Schritt sein kann um einen nachhaltigen Erfolg des Produkts zu erzielen. Da der deutschsprachige Raum relativ bald gesättigt sein wird, ist dieser nur für die Produkteinführung interessant. Der nächste Schritt sollte die Ausdehnung des Absatzmarktes auf den englischsprachigen Raum sein.

Interessant ist vor allem der asiatische Markt, da man dort der Technik gegenüber sehr aufgeschlossen ist und den Poolbillardsport auf enthusiastische Art und Weise betreibt. Der Einstieg auf diesen heterogenen Markt gestaltet sich aber herausfordernd, da die unterschiedlichen Sprachen und Kulturen auf diesem Kontinent zu berücksichtigen sind. Durch die größere Bevölkerungszahl sind die zu erwartenden Absatzzahlen wesentlich höher als im deutsch- und englischsprachigen Raum einzuschätzen.

5.4 Ausblick und Empfehlungen

Die vorliegende Arbeit lässt einige für den Bereich wesentliche Schlussfolgerungen zu.

Die Auswertung der Ergebnisse der quantitativen Erhebung brachte zwei Konzeptvarianten hervor. Eine Variante mit relativer und eine mit absoluter Positionsbestimmung. Die Variante mit der absoluten Positionsbestimmung kann zurzeit nur mit zusätzlichen Sendern oder Kameras, die von der trainierenden Person im Raum verteilt werden, umgesetzt werden. Somit müsste bei jedem Training weiteres Equipment mitgenommen und zusätzlich aufgebaut werden. Das widerspricht der Anforderung, dass das Produkt einfach und ohne zusätzliche Aufwände zu bedienen sein soll. Vor allem mit dem Aufbau der Sender könnten sich andere Gäste in einem Billardlokal durchaus gestört fühlen.

Aus diesem Grund wird derzeit die Variante mit der relativen Positionsbestimmung favorisiert, da die Technologie dieselbe ist, wie sie derzeit bereits im eShoe sehr gut funktioniert. Hierbei müssen nur mehr die externen Kombinationen aus Sensoren und Verarbeitungseinheiten so angepasst und verbaut werden, dass sie den Ansprüchen eines Trainingssystems entsprechen. Diese Ansprüche sind zum Beispiel, dass die Kombination nicht zu schwer ist, um die Bewegungsabläufe nicht zu verfälschen oder dass die Kombination nicht zu groß oder unhandlich ist, um den Bewegungsablauf nicht zu behindern. Hier gilt der gleiche Ansatz wie bei der Anwendung herkömmlicher AAL-Technologien: sie sollen so wenig wie möglich irritieren und nicht den gewohnten Ablauf beeinflussen.

Der nächste sinnvolle Schritt ist eine Prototypentwicklung, den erhobenen Erfordernissen folgend, mit der laborintern die Funktionalität und die allgemeine Handhabung getestet werden kann. Parallel zu dieser Prototypentwicklung muss die Software angepasst werden, um den Ansprüchen eines Trainingssystems, wie zum Beispiel eine Aufbereitung der Daten, die für die Anwenderinnen und Anwender verständlich ist, zu entsprechen. Nach diesen laborinternen Tests sollten Prototypentests mit Poolbillardspielerinnen und -spielern gemacht werden, um praktisches Feedback zum Prototyp in punkto Handhabung, Anwendbarkeit, Flexibilität und Funktionalität zu bekommen.

Danach fließen die Ergebnisse der Feldstudie in die weitere Produktentwicklung ein und es kann begonnen werden, am Design zu arbeiten. Die letzten Schritte sind eine geeignete Produktion aufzustellen und eine Marketingkampagne zu starten.

Aus einem Interview mit dem Forschungspartner geht hervor, dass zum Stand im Jahre 2014 ein Sohlenpaar des eShoe ca. 400€ kostet und die Entwicklung der Software für den SSC sich mit vier Monaten niederschlägt. Dieser Entwicklungsaufwand inklusive Tests beläuft sich auf ungefähr 20.000€. Schon alleine der Preis der zwei Sohlen legt nahe, dass man hier noch warten sollte, bis sich diese Technologien weiterentwickelt haben und dadurch auch preisgünstiger werden. Dass mit einer Serienproduktion nochmals der Preis reduziert werden kann steht außer Frage. Derzeit zum Stand im Jahre 2020 produziert die Firma stapptronics die günstigste Sensorsohle um ungefähr 200€ pro Sohlenpaar und ist somit immer noch zu hochpreisig, um mit diesen Sohlen eine Markteinführung zu planen.

Da die absolute Positionsbestimmung nur mit zusätzlichem Equipment auskommt und deswegen derzeit zu vernachlässigen ist, lautet die schlussendliche Empfehlung, das Konzept mittels relativer Positionsbestimmung durchzuführen. Dadurch dass der Aufbau der zwei Konzeptvarianten sehr ähnlich ist, könnte man vorrausschauend das System mit der relativen Positionsbestimmung so planen, dass für eine zukünftige absolute Positionsbestimmung nur Kleinigkeiten an den Sensoren verändert werden müssen.

Ebenso muss der Preis der verbauten Komponenten und somit der des Sensorsohlenpaars noch weiter sinken, damit sich der Preis des Produkts im erarbeiteten Rahmen bewegen kann.

5.5 Zusammenfassung

Die Arbeit „Straight Stroke Coach. Eine Konzeptstudie zur Erweiterung der AAL-Technologie „eShoe“ für den Trainingseinsatz im Poolbillard Breiten- und Leistungssport“ hatte zum Ziel, ein Konzept für ein Poolbillard-Trainingssystem auf Basis des eShoe zu entwickeln.

Das Engagement des Verfassers im Bereich Poolbillard-Jugendtraining und die beruflichen Erfahrungen im Bereich AAL führten zu der Idee, diese zwei Bereiche miteinander zu kombinieren. Nach Gesprächen mit Herrn DI Walter Hlauschek, CEO der Firma CEIT RALTEC, die sich mit AAL-Themen beschäftigt, wurde dem Verfasser die

Möglichkeit geboten, eine Konzeptstudie im Rahmen der Masterthesis aufbauend auf deren eShoe durchzuführen.

Der erste Schritt war die technische Recherche zur Funktionalität des eShoe, um die eventuellen Möglichkeiten einer Erweiterung in Richtung eines Trainingssystems für den Poolbillardsport zu ermitteln. Zu diesem Zweck wurden sämtliche bereits veröffentlichte Forschungsergebnisse gesammelt, analysiert und die offenen Fragen im Rahmen eines Experteninterviews, welches transkribiert in Hieger (2014) zu finden ist, mit Herrn DI Hlauschek abgeklärt. Der nächste Schritt war die Erstellung eines Grundkonzepts, wie man solch ein Trainingssystem umsetzen könnte. Basierend auf diesem Konzept wurde eine leitfadengesteuerte Interviewserie erstellt, bei der im Rahmen der Multimethodologie qualitative und quantitative Fragen an sechs, aufgrund ihrer nationalen Erfolge ausgewählten, Poolbillardspieler gestellt wurden. Die Ergebnisse aus dieser Befragung führten zu einer Optimierung des Erst-Konzepts. Die qualitativen Ergebnisse wurden kategorisiert und zu quantitativen Fragen für den Fragebogen umgewandelt. Die quantitativen Fragen aus dem Leitfaden wurden teilweise leicht adaptiert ebenfalls in den Fragebogen übernommen.

Der Fragebogen wurde mit LimeSurvey erstellt und für einen weltweiten Zugang online gestellt. Ein Teil der Zielgruppe wurde gezielt über ein Soziales Medium angesprochen, während der andere Teil mittels Bewerbung des Fragebogens in einschlägigen Onlineforen erreicht wurde.

Das Ergebnis der Erhebung führte zu der finalen Ausgestaltung des Konzepts, wobei hier zwei Varianten ausgearbeitet wurden, die sich sehr ähnlich sind, sich aber in der Anwendung und von der verbauten Technologie her, unterscheiden. Ebenfalls wurden aus den Ergebnissen der Umfrage ein möglicher Absatzmarkt und ein finanzieller Rahmen erhoben, innerhalb dessen sich das fertige Produkt bewegen könnte.

Literaturverzeichnis

AAL Association, 2012. *Ambient Assisted Living Joint Programme.* [Online]
Available at: http://www.aal-europe.eu
[Zugriff am 30 03 2014].

AAL Austria, 2012. *AAL Austria.* [Online]
Available at: http://www.aal.at
[Zugriff am 24 März 2014].

AAL Forum, n.d.. *AAL Forum.* [Online]
Available at: http://www.aalforum.eu/
[Zugriff am 27 04 2014].

Alfieri, D. & Sander, U., 2004. *GRUNDLAGEN des POOLBILLARD: Einstieg in den Poolbillard-Sport nach den Lehrmethoden der POOL SCHOOL GERMANY.* 4. Auflage Hrsg. Landau: LITHO-Verlag.

Alfieri, D. & Sander, U., 2005. *POSITIONSSPIEL im POOLBILLARD: Einstieg in den Poolbillard-Sport nach den Lehrmethoden der POOL SCHOOL GERMANY.* 4 Hrsg. Speyer: LITHO-Verlag.

ARISF, n.d.. *The Association of IOC Recognised International Sports Federations.* [Online]
Available at: http://www.arisf.org
[Zugriff am 02 05 2014].

Billardzentrum Düsseldorf, n.d.. *Billardzentrum Düsseldorf.* [Online]
Available at: http://www.billardzentrum-duesseldorf.de/
[Zugriff am 07 05 2014].

Billiard Congress of America, 1992. *Billiards The Official Rules And Records Book: Rules Techniques Equipment & More.* Guilford: Lyon Press.

bmvit, n.d.. *Bundesministerium für Verkehr Innovation und Technologie.* [Online]
Available at: www.bmvit.gv.at
[Zugriff am 31 03 2014].

Brunswick, n.d.. *Brunswick Billards.* [Online]
Available at: http://www.brunswickbilliards.com/catalog/pool-tables/gold-crown-v.html
[Zugriff am 03 05 2014].

Buhr, R., 2009. *Die Fachkräftesituation in AAL-Tätigkeitsfeldern - Perspektive Aus- und Weiterbildung.* [Online]
Available at: http://www.vdivde-it.de/publikationen/studien/die-fachkraeftesituation-in-aal-taetigkeitsfeldern-perspektive-aus-und-weiterbildung
[Zugriff am 15 05 2014].

CEIT RALTEC, 2014. *CEIT RALTEC: Institut für Rehabilitationstechnik und Assistive Technologien.* [Online]
Available at: http://web365.login-9.hoststar.at/
[Zugriff am 18 04 2014].

Cohen, A., 2015. *Prototype to Product.* Sebastopol: O'Reilley.

David, V., Jagos, H., Litzenberger, S. & Reichel, M., 2012. Instrumented insole for mobile and long distance motion pattern measurement. *Procedia Engineering: Engineering of Sport Conference 2012*, Issue Volume 34, pp. 760-765.

Eberhardt, B., 2009. *VDE Verband der Elektrotechnik Elektronik Informationstechnik e.V..* [Online]
Available at:
http://www.vde.com/de/Technik/AAL/Publikationen/Kongress-undFachbeitraege/documents/zielgruppen für aal _tabelle_.pdf
[Zugriff am 11 04 2014].

Eckert, R., 2006. *Modernes Pool: Techniken und Training.* 4 Hrsg. Wolfhagen: LITHO-Verlag.

Eckert, R., 2006. *Sportliches Pool Billard I: Technik und Training nach dem PAT System Teil 1.* Römerberg: LITHO-Verlag.

Eckert, R., 2007. *Sportliches Pool Billard II: Technik und Training nach dem PAT System Teil 2.* Römerberg: LITHO-Verlag.

European Commission, Directorate-General for Employment, S. A. a. I. & Eurostat, 2011. *Demography report 2010: Older, more numerous and diverse Europeans.* Luxemburg: Publication Office of fhte European Union.

FFG RP7, n.d.. *Österreichische Forschungsförderungs Gesellschaft mbH: Sevent Framework Programme.* [Online]
Available at: http://rp7.ffg.at/RP7.aspx
[Zugriff am 31 03 2014].

FFG, 2008. *Österreichische Forschungsförderungs Gesellschaft mbH.* [Online]

Available at:
https://www.ffg.at/sites/default/files/downloads/page/benefit_projekte_opencall_2008_sowie_ausschreibungen_2_und_3.pdf
[Zugriff am 18 04 2014].

FFG, n.d.. *Österreichische Forschungsförderungs Gesellschaft mbH.* [Online]
Available at: http://www.ffg.at
[Zugriff am 10 4 2014].

Häder, M., 2010. *Empirische Sozialforschung: Eine Einführung.* 2 Hrsg. Wiesbaden: VS Verlag für Sozialwissenschaften.

Hammersley, M., 2002. The Relationship between Qualitative and Quantitative Research: Paradigm Loyalty versus Methodological Eclecticism. In: J. T. Richardson, Hrsg. *Handbook of Qualitative Research Methods for Psychology and the Social Sciences.* 2 Hrsg. Leicester: BPS Blackwell, pp. 159-174.

Hanson, C., n.d.. *Craig Hanson Golf Academy.* [Online]
Available at: http://www.craighanson.de/training/muskelgedaechtnis/
[Zugriff am 06 05 2014].

Hieger, O., 2014. *Straight Stroke Coach: Eine Konzeptstudie zur Erweiterung der AAL-Technologie "eShoe" für den Trainingseinsatz im Poolbillard Breiten- und Leistungssport.* MSc.FH Technikum Wien: s.n.

Huber, A., 2011. *Richtig Billard: Pool | Snooker | Karambolage.* 2 Hrsg. München: BLV Buchverlag GmbH & Co. KG.

IMDb, n.d.. *IMDb.* [Online]
Available at:
http://www.imdb.com/media/rm4122247424/tt0054997?ref_=ttmd_md_pv
[Zugriff am 03 05 2014].

Jagos, H. et al., 2010. A multimodal approach for insole motion measurement and analysis. *Procedia Engineering: The Engineering of Sport 8 - Engineering Emotion*, 06, Issue Volume 2, pp. 3103-3108.

Johnson, R. B., Onwuegbuzie, A. J. & Turner, L. A., 2007. Toward a Definition of Mixed Methods Research. *Journal of Mixed Methods Research*, April, Volume 1(Number 2), pp. 112-133.

Kahmen, H., 1986. *Vermessungskunde II: Winkel- Streckenmessgeräte, Polygonierung, Triangulation und Trilateration, Sattelitengeodäsie.* 14 Hrsg. Berlin: Walter de Gruyter.

Kleve, H., Müller, M. & Hampe-Grosser, A., 2010. Der Fall im System - die Organisation des Systemischen Case Managements. In: V. Brinkmann, Hrsg. *Case Management: Organisationsentwicklung und*

Change Management in Gesundheits- und Sozialunternehmen. 2 Hrsg. Wiesbaden: Gabler, pp. 21-39.

König , W., 2000. *Geschichte der Konsumgesellschaft.* Stuttgart: Franz Steiner Verlag.

Krimmer, P., 2016. *stappone.* [Online]
Available at: https://www.stappone.com
[Zugriff am 28 09 2020].

Kronsteiner-Mann, C., 2011. *Verbrauchsausgaben: Hauptergebnisse der Konsumerhebung.* Wien: Verlag Österreich GmbH.

Kunst und Spiele, n.d.. *Kunst und Spiele.* [Online]
Available at: http://www.kunst-und-spiele.de/billard.htm
[Zugriff am 02 05 2014].

Mathieu, A., kein Datum *feetme.* [Online]
Available at: https://feetme.fr/en
[Zugriff am 30 09 2020].

Mikulasek, A., 2013. *Demographisches Jahrbuch 2012.* Wien: Verlag Österreich GmbH.

Mizerak, S., Panozzo, M. E. & Fels, G., 1996. *play better pool: winning techniques and strategies for mastering the game.* Chicago: Contemporary Books.

Müller, M. & Vilzmann, R., n.d.. *moticon.* [Online]
Available at: http://moticon.de/de/produkte/opengo-science#sensorsohle
[Zugriff am 30 04 2014].

Nagl, A., 2010. *Der Businessplan.* 5. Auflage Hrsg. Wiesbaden: Gabler.

ÖPBV, n.d.. *Österreichischer PoolBillard Verband.* [Online]
Available at: http://www.oepbv.at
[Zugriff am 22 04 2014].

Österreichisches Rotes Kreuz, n.d.. *Österreichisches Rotes Kreuz.* [Online]
Available at: http://www.roteskreuz.at
[Zugriff am 18 04 2014].

Raithel, J., 2006. *Quantitative Forshcung: ein Praxiskurs.* Wiesbaden: VS Verlag für Sozialwissenschaften.

Roth, J., 2002. *Mobile Computing.* Heidelberg: dpunkt. verlag.

Schnabel, P., n.d.. *Elektronik Kompendium.* [Online]
Available at: http://www.elektronik-kompendium.de/sites/kom/1201061.htm
[Zugriff am 12 05 2014].

Schroll, A., 2007. *APA OTS.* [Online]
Available at:
http://www.ots.at/presseaussendung/OTS_20071002_OTS0089/kranzl-

zur-gruendung-der-aal-ambient-assisted-living-association
[Zugriff am 31 03 2014].

Schürmann, M., 2019. *Marketing - In vier Schritten zum eigenen Marketingkonzept.* Zürich: vdf Hochschulverlag an der ETH Zürich.

Springer Gabler, n.d.. *Gabler Wirtschaftslexikon.* [Online]
Available at:
http://wirtschaftslexikon.gabler.de/Definition/generationenvertrag.html
[Zugriff am 18 05 2014].

Statistik Austria, 2013. *Statistik Austria.* [Online]
Available at:
http://www.statistik.at/web_de/statistiken/bevoelkerung/demographische_prognosen/bevoelkerungsprognosen/index.html
[Zugriff am 28 03 2014].

Strauss, A. L. & Corbin, J. M., 1990. *Basics of Qualitative Research: Grounded Theory Procedures and Techniques.* Newbury Park: Sage Publications Inc..

Strese, H., 2007. *Ambient Assisted Living: Well Being Person.* [Online]
Available at: http://ec.europa.eu/transparency/regdoc/rep/2/2007/EN/2-2007-811-EN-1-0.Pdf
[Zugriff am 21 04 2014].

Suri, D., n.d.. *AAL Mecklenburg Vorpommern.* [Online]
Available at: http://www.aal-mv.de/aal-in-mv.html
[Zugriff am 17 03 2014].

The Billard Shop, n.d.. *The Billard Shop.* [Online]
Available at: http://www.thebilliardshop.com/history-of-pool-and-billiards
[Zugriff am 03 05 2014].

Tober, H., n.d.. *medilogic.* [Online]
Available at: http://www.medilogic.com/produkte-mensch/fussdruckmessung/medilogic-sohle-sport/
[Zugriff am 30 04 2014].

University of California, n.d.. *Science Daily.* [Online]
Available at:
http://www.sciencedaily.com/releases/2007/05/070521121233.htm
[Zugriff am 10 05 2014].

Velasco, C. A., n.d.. *Fraunhofer AAL.* [Online]
Available at: http://aal.fraunhofer.de/index.html
[Zugriff am 17 03 2014].

Wall, A. & Crimi, F., 2004. *The Everything Pool & Billards Book, From Breaking to Bank Shots, Everything You need to Master the Game.* Avon: F + W Publications.

Weiser, M., 1991. The Computer for the 21st Century. *Scientific American*, 09, pp. 94-104.

Zimmermann, R., 2001. *Lokalisierung mobiler Geräte.* [Online] Available at: https://www.vs.inf.ethz.ch/edu/SS2001/MC/beitraege/07-location-rep.pdf

Zeitfracht Medien GmbH
Ferdinand-Jühlke-Straße 7
99095 Erfurt, Deutschland
produktsicherheit@kolibri360.de